KB242462

펀 경영과 펀 리더십

행동의 실제(實際)

펀 경영과

요즈음은 잘 웃고 잘 웃겨야 성공하는 시대다. 또한 "웃으면 복이 온다."라는 말이 이제는 "웃어야 산다."는 말로 대체되는 시대가 되고 있다. 특히 생존경쟁이 치열한 기업과 직장인의 세계에서는 펀경영, 웃음, 유머가 경쟁력의 요체로 떠오르고 있다.

이 연 재 지음

펀 리더십
행동의 실제(實際)

KSI 한국학술정보㈜

서문

요즈음은 잘 웃고 잘 웃겨야 성공하는 시대다. 따라서 최근 선진 기업의 주요 경영 트렌드는 펀 경영이다. 이는 과거의 권위주의적이고 억압적인 성과제일주의의 한계를 뛰어넘어 웃음을 회사에 퍼뜨림으로써 '신바람 나는 직장 분위기'를 조성하여 생산성을 향상시키고자 하는 경영기법을 말한다. "웃으면 복이 온다."라는 말이 이제는 "웃어야 산다."는 말로 대체되는 시대가 되고 있다. 특히 생존경쟁이 치열한 기업과 직장인의 세계에서는 펀 경영 웃음, 유머가 경쟁력의 요체로 떠오르고 있다.

펀 경영(fun management)은 미국의 사우스웨스트 항공사가 재미를 통해 급속한 성장을 하면서 1990년대 초반부터 붐이 일기 시작하여 2000년대에 들어 주목을 받기 시작한 경영기법이다. 펀 경영은 창의성이 요구되는 21세기형 경영전략의 하나로 현재는 아시아, 유럽 지역에까지 확산되면서 새로운 경영의 패러다임으로 자리를 잡아 가고 있다. 펀 경영은 직원들이 직장과 일에 재미를 느끼도록 배려하는 것으로서, 국내에서는 좋은 일터 만들기, 신바람 일터 만들기, 행복 경영, 직원만족 경영, 웃음, 유머, 칭찬 경영 등 다양한 이름으로 추진되고 있다. 이는 국내 기업들도 직장에서의 '즐거움과 재미'가 직원들에게 일하고 싶어하는 동기를 부여하여 기업의 생산성을 자연스럽게 이끌어 낼 수 있다는 것을 공감하고 있기 때문이다.

따라서 최근 국내에서는 펀(fun)과 펀 경영, 펀 리더십 등에 대한 연구와 활동이 확산되고 있다. 펀 경영과 관련된 각종 서적들이 출간되고, 각종 매체를 통해 그 중요성이 강조되고 있다. 특히 국내의 주요 기업이나 기관에서는 펀 경영 활동을 통해 재미있고 신나게 일할 수 있는 조직 분위기를 조성하여 조직성과를 극대화하기 위한 다양한 시도를 하고 있다. 즉 교육, 마케팅, 제품생산 등 모든 부문에서 다양한 방법으로 즐거움과 재미를 찾아가는 것을 볼 수 있다.

또한 많은 기업과 기관에서는 직원들 간, 직원들과 사업파트너, 고객들과의 커뮤니케이션 개선을 위해 웃음, 유머 전문강사를 육성하거나 초빙하여 교육을 실시하고 있다. 나아가 상사와 경영진을 신뢰하고 일에 자부심을 느끼며, 즐겁고 재미있게 일할 수 있는 훌륭한 일터, 훌륭한 기업이나 조직을 만들기 위해 노력을 경주하고 있다. 이는 오늘날과 같은 감성시대에는 펀 경영이 조직 구성원의 직무태도나 조직성과와 크게 직결되기 때문이다.

한편 펀 경영 활동과 병행하여 최근 주요 기업에서는 펀 경영을 효율적으로 추진하기 위해 펀 리더십 과정을 개설하여 펀 리더를 육성하거나, 전문 펀 리더십 과정에 기업의 주요 간부나 CEO가 직접 참여하는 등 리더들이 앞장서서 기업경영의 환경 변화에 능동적으로 대처하기 위한 노력을 경주하고 있다. 최근 개그맨을 자처하는 최고경영자인 CEO, 최고 오락담당자인 CFO(Chief Fun Officer), 조직에 활력을 북돋아 주는 사람을 지칭하는 CEO(Chief Entertainment Officer)가 기업 내에서 늘고 있다. 이는 펀 경영의 확산과 시대의 흐름에 발맞춰 리더들에게 요구되는 자질도 변화하고 있기 때문이다. 즉 리더의 '카리스마'는 이미 구시대적 유물이 되어 가고 있고, 커뮤니케이션 능력과 함께 유연한 사고, 고정관념 탈피, 부드러운 표정, 유머능력이 바로 이 시대가 요구하는 리더의 기본조건이 되고 있다.

그러나 지금까지 펀 경영과 펀 리더십에 관한 연구를 살펴보면, 국외에서는 펀 경영을 통한 성과들이 기업의 경영사례 등을 통해 제시되고 있으나 국내에서는 현재 펀 경영과 관련된 활동들이 활발하게 진행되고 있고, 일부 몇몇 서적이나 연구에서 그 중요성과 성과 등이 제시되고 있을 뿐이다. 따라서 현재 기업이나 기관에서 추진하고 있는 펀 경영과 펀 리더십 행동이 실제적으로 조직 구성원의 직무태도나 조직성과 등에 미치는 실증적인 연구는 매우 미흡한 실정이다.

따라서 본서는 새로운 시도로서 펀 경영 및 펀 리더십과 관련된 문헌, 펀 리더십 행동의 하위 변수인 웃음, 유머, 칭찬에 관한 선행연구를 바탕으로, 최근 국내의 주요 기업이나 기관에서 추진 중에 있는 CEO의 펀 경영 정도와 펀 경영을 효율적으로 추진하기 위한 리더의 펀 리더십 행동 정도가 조직 구성원의 직무스트레스와 직무태도인 직무만족과 조직몰입, 이직의도에 미치는 영향과 변수들 간의 관계를 실증적으로 연구·분석하여 필요한 시사점을 제시하였다.

실증검증 결과를 요약하면 첫째, CEO의 펀 경영 정도는 리더의 펀 리더십 행동과 조직 구성원의 직무태도 변수 중 직무만족과 조직몰입에 유의한 정(+)의 영향을 미치고 직무스트레스에 유의한 부(-)의 영향을 미쳤으며, 둘째, 리더의 펀 리더십 행동 정도는 직무만족에 유의한 정(+)의 영향을 미치는 것으로 나타났다. 셋째, 직무스트레스는 직무만족과 조직몰입에 유의한 부(-)의 영향을 미치고 이직의도에 유의한 정(+)의 영향을 미치는 것으로 나타났으며, 넷째, 직무태도 변수 간의 관계에서 직무만족은 조직몰입에 유의한 정(+)의 영향을 미치고 이직의도에 유의한 부(-)의 영향을 미쳤으며, 조직몰입은 이직의도에 유의한 부(-)의 영향을 미치는 것으로 나타났다. 다섯째, 조절효과 면에서 직무업종 형태에 따라 펀 경영과 펀 리더십 행동이 조직 구성원의 직무스트레스와 직무태도에 미치는 영향은 부분적으로 유의한 차이가 있는 것으로 검증되었다.

따라서 펀 경영이 기업과 조직 구성원, 고객 모두에게 즐겁고 신뢰할 만한 성공전략으로 자리잡기 위해서는 펀 경영의 전담부서뿐만 아니라 CEO를 포함한 리더들이 직접 앞장서서 즐거운 일터를 가꾸려고 노력하는 펀 리더십의 발휘가 무엇보다 중요하다. 또한 펀 경영이 기업 내의 조직문화로 정착될 수 있도록 펀 경영 시스템을 구축하는 등 지속적인 노력이 필요하다. 본 연구의 의의와 시사점, 연구의 한계 및 향후 연구방향에 대한 논의도 명시되었다.

끝으로 본서가 앞으로 펀 경영과 펀 리더십분야 발전에 조금이나마 밑거름이 되었으면 한다.

이 책을 펴내면서 그간 저자에게 많은 후원을 보내 주신 선후배, 동료 등 모든 소중한 분들에게 감사의 말씀을 드린다. 또한 저자가 항상 건강하고 잘되기만을 기원하셨던 부모님께 이 책을 드린다. 그리고 항상 격려해 주시고 용기를 북돋아 주셨던 형제자매 등 친지에게도 고마움을 전하며, 좋은 책으로 만들어 주신 한국학술정보(주)의 편집진에게도 감사드린다. 이제 사랑하는 아내 두희, 딸 보미, 아들 병호와 함께 새로운 책 출판의 기쁨을 나누고 싶다.

2008년 12월
이연재

목차

I. 서론

1. 연구 배경 및 목적

기업 간 경쟁이 심화되고 아울러 개인의 끝없는 자기혁신 요구가 점점 증대되면서 경영에서 펀(fun)은 새로운 트렌드이자 키워드로 자리를 잡아 가고 있다. 얼마 전까지 고객만족, 나아가 고객감동을 열창해 가면서 외부 고객만족을 강조해 오던 것과는 사뭇 다른 모습이다. 그 이유는 회사 일에 재미를 느끼지 못하는 종업원은 고객을 만족시킬 수 없다는 이유 때문이다. 즉 외부 고객을 만족시키기 위해서는 먼저 내부 고객을 만족시켜야 한다는 논리이다(오익재, 2006; 홍병철, 2006).

펀 경영(fun management)은 미국의 사우스웨스트 항공사가 재미를 통해 급속한 성장을 하면서 1990년대 초반부터 붐이 일기 시작하여 2000년대에 들어 주목을 받기 시작한 경영기법으로서, 현재는 아시아, 유럽지역에까지 확산되고 있다(이종남·전미향, 2006; 오익재, 2006). 즉 펀 경영은 직원들이 직장과 일에 재미를 느끼도록 의도적으로 배려하는 것으로 과거의 권위주의적이고 억압적인 성과제일주의의 한계를 뛰어넘어 웃음을 회사에 퍼뜨려 신바람 나는 직장 분위기를 조성하여 생산성을 향상시키고자 하는 경영기법을 말한다(오익재, 2006; 한광일, 2007). 최근 국내에서도 관료적이고 딱딱한 조직보다 부드럽고 활기찬 조직이 생산성이 높고 직장에서의 즐거움과 재미가 직원들에게 일하고 싶어 하는 동기를 부여하여 자연스럽게 기업의 생산성을 이끌어 낼 수 있다는 것을 공감하면서 좋은 일터 만들기, 신바람 경영, 행복 경영, 직원만족 경영, 직원존중 경영, 유머 경영, 웃음 경영, 칭찬 경영, 감동 경영, 감성 경영 등 다양한 이름으로 펀 경영이 추진되고 있다. 따라서 삼성, LG, SK텔레콤, 코오롱, 우리은행, 오리온, KTF 등 주요 기업이나 기관에서는 펀 경영 차원에서 요일별 재미 찾기와 칭찬 페스티벌, 유머 경영대회, 각종 이벤트 등 헤아릴 수 없이 다양한 방법으로 즐거움과 재미를 찾아가는 것을 볼 수 있다. 또한 이러한 기업의 경영환경 변화에 능동적으로 대처하고 펀 경영을 통해 조직의 성과를 극대화하기 위해서는 CEO를 포함한 리더들부터 펀(fun)해져야 한다는 것을 인식하고 딱딱한 CEO와 임원의 이미지를 바꾸기 위해 별도의 교육프로그램을 운영하는가 하면 펀 리더 육성을 위한 펀 리더십 양성 과정 운영과 직접 참여 등을 통해 리더들부터 변화하기 위한 노력을 경주하고 있다(오익재, 2006; 한광일, 2007). 이는 펀 경영의 확산과 시대의 흐름에 발맞춰 리더들에게 요구되는 자질도 과거의 권위적이고 카리스마적 자질에서 커뮤니케이션 능력과 함께 유연한 사고, 고정관념 탈피, 부드러운 표정, 유머능력 등이 리더 행동의 기본 조건이 되어 가고 있기 때문이다(오익재, 2006; Leslie, 2001).

따라서 현대사회에서 펀(fun)은 일상생활에서 뿐만 아니라 기업경영이나 제품 마케팅, 조직유효성 등 각 분야에서 중요한 요소로 작용하며 큰 주목을 받고 있다(김학진 외, 2007). 그러나 펀 경영과 펀 리더십 행동의 결과에 대한 선행연구를 살펴보면, 국외에서는 직무만족과 조직몰입의 증대, 이직률의 감소, 고객 서비스와 생산성 향상 등 펀 경영을 통한 성과들이 연구논문이나 기업의 경영사례 등을 통해 발표되고 있으나, 국내의 경우는 일부 몇 편의 문헌연구가 진행되었을 뿐 최근 주요 기업이나 기관에서 다양하게 추진하고 있는 펀 경영 활동과 관련하여 경영이나 리더십 측면에서 조직 구성원의 직무태도나 조직성과 등 조직 유효성에 미치는 영향에 관한 실증적인 연구는 매우 미흡한 실정이다(국윤성, 2006; 진현, 2006).

또한 하루의 절반 이상을 회사에서 보내는 직장인들이 직장생활을 하면서 겪는 직무스트레스를 개인이나 조직차원에서 효과적으로 관리하지 못하게 되면 조직 내 인적 자원의 손실은 물론 직무성과의 저하, 생산성의 감소와 품질의 저하 등과 같은 부정적인 결과를 가져오게 된다(Luthans, 2002). 따라서 조직차원에서 직원들에 대한 적극적인 스트레스 관리가 요구되고 있는데, 다양한 관련 문헌에서 펀 경영이나 펀 리더십 행동은 직원들에게 즐거움과 재미를 느끼게 하여 직무수행 과정에서 나타나는 스트레스를 감소시키는 효과가 있는 것으로 제시되고 있다.

따라서 이러한 문제의식을 바탕으로 본 연구는 펀 경영 및 펀 리더십 행동, 직무스트레스, 직무태도와 관련된 문헌 연구와 사례연구, 그리고 설문지 기법 등을 토대로 펀 경영과 펀 리더십 행동이 직무스트레스와 직무태도에 미치는 영향을 실증적으로 검증하고자 한 것으로서, 크게 다음과 같은 연구 목적을 설정하였다.

첫째, 조직차원에서 추진하고 있는 CEO의 펀 경영이 이를 실천하기 위한 부서차원에서의 리더의 펀 리더십 행동과 조직 구성원의 직무스트레스, 직무태도에 미치는 영향을 분석하고, 둘째, 펀 경영을 실천하기 위해 부서차원에서 추진하고 있는 리더의 펀 리더십 행동이 조직 구성원의 직무스트레스와 직무태도에 미치는 영향을 분석한다. 셋째, 직무스트레스가 조직 구성원의 직무태도에 미치는 영향을 분석하여 효율적인 직무스트레스 관리의 중요성을 제시하고, 넷째, 직무태도 변수 간의 관계를 확인하며, 마지막으로 직무업종 형태에 따른 조절효과를 확인하는 데 있다.

2. 연구 방법 및 구성

본 연구는 펀 경영과 펀 리더십 행동이 조직 구성원의 직무스트레스와 직무태도에 미치는 영향에 관한 실증 연구로서, 본 연구의 목적을 달성하기 위한 연구 방법으로는 문헌 연구와 실증 연구를 실시하였다. 문헌 연구에서는 펀 경영과 펀 리더십 행동, 직무스트레스와 직무태도에 대한 선행연구와 관련 문헌을 검토하여 연구모형과 연구 가설을 설정하였고, 실증 연구에서는 설정된 가설을 검증하였으며, 실증 연구에 필요한 통계자료를 수집하기 위해 설문지법을 이용하였다.

본 연구의 목적을 달성하기 위한 표본의 대상은 펀 경영을 적극적으로 도입하여 추진하고 있는 기업을 포함하여 주로 서울지역에서 근무하는 직장인 남녀를 대상으로 인구 통계학적 특성과 직무업종 형태 등을 고려하여 설문조사를 실시하고 그 결과를 토대로 실증 분석을 실시하였다. 즉 총 800명의 표본 중 분석에 사용할 수 있는 675명의 설문자료에 대해 사회과학 통계패키지인 SPSS 12.0과 AMOS 5를 이용하여 분석 및 가설을 검증하였다.

본서는 총 5장으로 구성되어 있다. 제Ⅰ장은 서론 부분으로서 본 연구를 하게 된 배경과 목적, 연구 방법 및 구성을 기술하였고, 제Ⅱ장은 연구의 이론적 배경 부분으로서 펀 경영과 펀 리더십 행동, 직무스트레스, 직무태도에 관한 이론에 대하여 자세하게 기술하였다. 이는 본 연구의 주제 및 실증 분석과 관련하여 전반적인 이해가 요구되기 때문이다. 제Ⅲ장은 연구 설계 및 가설 설정 부분으로서 이론적 배경과 선행연구 결과를 토대로 실증 검증을 위한 연구 모형을 설정하고 연구 가설을 설정하였으며, 변수의 조작적 정의와 측정도구의 개발, 자료수집 등 연구 방법을 설계하였다. 제Ⅳ장은 자료 분석 및 가설 검증 부분으로서 측정도구의 신뢰도와 타당성을 분석한 후 구조방정식 모델을 이용하여 가설을 검증하였으며, 마지막 제Ⅴ장은 결론 부분으로서 본 연구의 결과와 시사점, 한계점 및 향후 연구방향을 제시하였다.

Ⅱ. 이론적 배경

이론적 배경에서는 본 연구의 주제 및 실증 분석과 관련하여 전반적으로 이해할 수 있도록 펀 경영과 펀 경영의 측정 변수인 펀 경영 활동, 펀 리더십 행동과 펀 리더십 행동의 측정 변수인 웃음, 유머, 칭찬, 그리고 직무스트레스, 직무태도와 직무태도의 하위 변수인 직무만족과 조직몰입, 이직의도에 관한 이론에 대해 기술하였다.

1. 펀(fun) 경영

가. 펀 경영의 개념

펀(fun)의 일반 사전적인 의미는 재미, 장난, 놀이, 희롱, 재미있는 것 등으로 표현되며(장은석·김영배, 2007), 개인, 가정, 직장에서 사용하기에 따라 그 의미는 차이가 있지만 기본적으로 즐겁고 재미가 넘쳐야 진정한 펀이라 할 수 있다(한광일, 2007; 홍병철, 2006). 여기서 즐거움과 재미는 감정, 태도, 기쁨, 내적동기와 유사한 개념으로 즐거움은 자신의 목적과 긍정적인 지각 상황과 관련된 행동을 수행하도록 이끄는 최적의 심리상태를 말하고(Kimiecik & Harris, 1996), 재미는 과제활동 시 느끼는 긍정적인 정서적 반응으로서 내-외적 차원과 성취-비성취 차원을 모두 포함하는 개념이다(김성일, 2007; 백순기, 2007). 그리고 즐거움의 경우 일반적으로 직접적인 자극에 의해 일어나지만 재미는 어떤 행동에 대한 직접적인 결과로 나타나지 않을 수도 있다(최상헌, 2005). Izard(1991)는 재미는 촉감이나 미감과 같은 감각에 기초를 둔 즐거움과는 구분된다고 하였다.

한편 펀(fun)의 경영학적 의미는 권위를 벗어던지고 '신바람 나는 직장' 분위기를 창조하는 펀 경영을 말한다(장은석·김영배, 2007). 이러한 펀 경영은 기업과 종업원, 고객이 모두 즐거울 때 생산성이 증대될 수 있다는 인식에서부터 출발한다. 일도 즐기면서 하고 열정적으로 매달릴 때 조직의 분위기가 크게 바뀌어 결국 경영효과가 극대화될 수 있기 때문이다. 따라서 펀 경영은 엄숙하고 관료적이며 시스템지향적인 조직에 즐거움과 재미라는 삶의 활력을 접목시켜 일과 삶이 균형을 이루는 즐거운 일터를 만들자는 것이다. 즉 펀 경영은 리더에 대한 신뢰를 바탕으로 일과 회사에 대해 자부심을 가지고 일할 맛나는 직장에서 동료들과 함께 일하는 즐거움과 재미를 느끼도록 의도적으로 부추기는 경영기법으로서, 펀 경영의 궁극적인 목적은 직장 내 활기와 즐거움을 넘치게 하여 회사의 생산성을 높이자는 것이다(오익재, 2006; 한광일, 2007; 홍병철, 2006; Leslie, 2001). 따라서 펀 경영은 그동안 경영과 무관한 것으로 생각되었던 재미, 유머, 웃음, 칭찬 등이 기업의 조직문화로 정착되도록 하는 것으로서, 펀 경영의 요점은 기업의 최고 고객은 바로 함께 일하고 있는 직원들이며, 직원들이 만족해야 고객 또한 만족할 수 있다는 마인드이다. 이는 직장 일에 재미를 느끼지 못하는 종업원은 고객도 만족시킬 수 없기 때문에 외부고객을 만족시키기 위해서는 먼저 내부고객을 만족시켜야 한다는 논리이다(오익재, 2006; 한광일, 2007; 홍병철, 2006; Karl *et al.*, 2005).

종합해 보면 과거에는 직장에서 즐거움이나 재미를 이야기 하면, 그저 사적인 영역으로만 치부해 버리는 경우가 많았다. 하지만 최근 과거 기업에서는 그리 중요하게 여겨지지 않았던 펀(fun)이란 요소가 새로운 경영의 키워드로 자리를 잡아 가면서 기업 경영의 현장에서 크게 주목을 받고 있다(한광일, 2007; 홍병철, 2006). 그러나 펀(fun)을 단순히 웃고 즐기는 것으로 보는 경향이 있는데, 펀(fun)은 이보다 훨씬 더 넓고 깊은 차원의 것으로서, 펀(fun)의 기본은 사람을 소중히 생각하는 것에서부터 출발하고 펀(fun)의 요체는 사람이며, 펀 경영은 사람 경영, 인재 경영의 또 다른 표현이라고 할 수 있다(오익재, 2006; 한광일, 2007; 월간 Leaderpia, 2007).

나. 펀 경영의 배경

최근 펀 경영이 특별히 주목을 받고 있는 배경은 기업의 내외적인 환경변화 등을 들 수 있는데, 첫째, 사회적으로 다양한 특성을 갖춘 신세대가 등장하고 이들이 조직으로 지속적으로 유입됨에 따라 나타나는 조직 구성원의 세대교체 때문이라고 할 수 있다. 소위 N세대[1], 최근엔 P세대[2]라고 불리는 젊은 신세대들이 최근 경

---

1) N세대는 기존 신세대의 특징(특히 X세대: 중심 미디어가 TV에서 컴퓨터로 넘어가는 시기의 세대)을 공유하면서 최근 급속하게 팽창하고 있는 종합정보통신망(ISDN: inter-grate service digital network)을 일상생활에서 자유자재로 이용할 수 있는 세대를 말한다(권영호, 2000).

2) P세대라는 용어는 광고회사에서 만든 신조어로서 월드컵, 대선, 촛불 시위 등을 거치며 나타난 세대로, 사회 전반에 걸친 적극적인 참여 속에서 열정과 힘을 바탕으로 사

제 활동에 참여하는 비율이 점차 늘고 있다. 그런데 이러한 신세대 직원들이 가지고 있는 가치관이나 선호하는 문화는 기성세대들과는 매우 다른 특징을 갖고 있다. 이들은 통제나 관리보다는 자유롭고 창의적인 조직분위기에서 일하는 것을 선호하고 좋아하는 일에 대해서는 에너지를 쏟아붓지만, 하기 싫은 일은 절대로 하지 않으려는 경향이 있다. 또한 능력에 대한 인정과 보상을 요구하고 일만큼 휴식도 중요하게 여기며, 자신의 취미나 특기를 살리는 과외 활동도 소홀히 하지 않는다. 따라서 이러한 신세대의 특성을 고려할 때, 이들의 역량을 최대한 활용하기 위해 기업들은 조직구성원들이 즐겁고 재미있게 일하고 열정을 쏟을 수 있는 조직문화를 구축할 필요가 있기 때문이다.

둘째, 불확실하고 급변하는 대내외 경영환경 속에서 평생직장의 개념이 약화되고 조직 구성원들의 회사에 대한 로열티도 점점 낮아지고 있는 경향도 하나의 원인이 되고 있다. 특히 인재경쟁 시대(war for talents)에서 어렵게 확보한 인재들이 즐거운 마음으로 업무에 몰입할 수 있는 조직적 여건을 조성하여 그들의 역량을 충분히 발휘할 수 있도록 해 주는 일은 무엇보다 중요하다. 이러한 점에서 핵심 인재의 이탈 방지나 조직 구성원들의 충성도 제고는 금전적 인센티브만으로는 한계가 있다. 즉 조직 구성원들이 즐겁고 열정적으로 일할 수 있는 여건을 마련해 주고 일에 대한 성취감을 느낄 수 있도록 해 주는 것이 더욱 중요시되고 있으며, 아울러 재

회 패러다임의 변화를 일으키는 세대를 말한다. P세대는 386세대의 사회의식과 속을 알 수 없는 X세대를 거치고, 소비문화에 익숙하고 인터넷을 자유롭게 다루는 N세대의 생활 방식, 하루 생활권으로 좁혀진 세상에서 살아가는 W세대의 공동체 의식과 행동이 모두 융합된 새로운 인간형을 의미한다(김도일, 2004).

미가 인재를 부르는 기업 환경으로 변화하고 있기 때문이다.

셋째, 경영환경 변화에 따른 업무 다양화에서도 그 원인을 찾을 수 있다. 변화가 빠를수록 조직 구성원들은 더 많이 학습하고 새로운 환경에 적응해야 하며, 이로 인해 과중한 정신적 스트레스 상황에 노출될 수밖에 없다. 스트레스는 두뇌를 활용하는 지식근로자(knowledge worker)[3]의 성과에 매우 치명적이다. 따라서 이러한 스트레스 해소를 위해서는 즐거운 업무 분위기와 기업문화가 필요하다. 이는 조직 구성원들의 신체와 정신 건강에 긍정적인 영향을 미칠 뿐만 아니라 업무에서 오는 스트레스를 감소시켜 조직 구성원들의 창의성을 높이고 업무의 지루함을 가장 효과적으로 달래줌으로써 조직성과를 높일 수 있기 때문이다(김현기, 2003).

마지막으로, 기업의 경쟁력의 원천이라 할 수 있는 창의성 요소가 갈수록 중요해지기 때문이다. 즉 창의성이 요구되는 일은 딱딱하고 기계적인 환경에서는 불가능하고 일의 재미를 강조하는 분위기 속에서 창의성이 크게 발휘되기 때문이다(오익재, 2006; 한광일, 2007).

다. 펀 경영 활동

본 연구에서는 CEO의 펀 경영 정도를 측정하기 위한 변수를 펀

---

3) 지식근로자란 육체로 노동하는 단순 노동자가 아닌 지식으로 노동하여 이윤을 남기는 근로자를 가리키는 말로서, 1968년 피터 드러커가 단절의 시대(Drucker, 1968)에서 지식사회를 다루며 본격적으로 사용되기 시작하였다. 피터 드러커는 사회와 기업에서의 중심이 육체노동자에서 지식근로자로 이동하고 있으며, 따라서 앞으로 모든 조직에서 경쟁력을 확보하기 위한 유일한 방법은 지식근로자의 생산성을 향상시키는 것뿐이라고 하였다(민남식, 2006).

경영 활동으로 설정하였다. 그 이유는 최근 주요 기업 등에서 조직분위기를 활성화시켜 경영성과를 극대화하기 위한 경영기법으로 펀 경영과 관련된 다양한 활동을 시도하고 있기 때문이다. 펀 경영 활동은 직원과 고객에게 즐거움을 주면 결국 기업의 재무성과가 올라갈 것이라는 기대로부터 출발한다. 즉 즐겁게 일하는 조직 구성원이 즐거움과 재미, 감성이 결부된 서비스와 제품을 생산하고 이러한 제품과 서비스를 받은 고객이 즐거워하면서 매출이 성장된다는 논리이다. 따라서 펀 경영 활동은 직원을 최우선시하겠다는 신념을 담고 있으며, 그 신념을 실천하기 위해 직원들이 행복하게 일할 수 있도록 회사가 무엇을 해 줄 수 있는지에 대해 고민하고 세심하게 배려하는 프로그램으로서, 기존의 조직 활성화 프로그램은 조직 구성원들이 실행 주체인 반면, 펀 경영 활동에 있어 직원들은 수혜자이고 프로그램 시행 주체는 CEO를 비롯한 경영층과 일선 관리자라는 점에서 차이가 있다(오익재, 2006; 진현, 2006).

따라서 최근 기업 내에는 헤아릴 수 없이 다양한 방법으로 즐거움과 재미를 찾기 위한 노력을 경주하고 있다. 이러한 펀 경영 활동은 크게 회사차원의 배려 활동, 부서차원의 배려 활동, 가정생활의 배려 활동, 의사소통 활동, 내적 즐거움 활동 등으로 구분할 수 있는데, 먼저 회사차원의 배려 활동은 회사가 직원을 최우선으로 여기고 있고 직원들이 행복하게 일할 수 있는 환경을 마련하겠다는 확고한 신념을 드러내는 활동이다. 즉, CEO가 펀 경영 방침과 확고한 실천 의지를 직원들에게 전파하고 그 실천방안을 구체화하며, 또한 직원들이 공정하게 대우를 받고 있음을 느낄 수 있도록 인사·고과·승진·교육기회·선발·성과분배 등 각종 제도를 재정비한다. 그리고 직원들이 해고의 불안에서 벗어나 업무에 몰두할 수 있도록 고용 안정감을 제고시키고 직원들의 직무스트레스를 해소하며, 좀 더 즐겁게 일할 수 있도록 회사차원에서 각종 펀 관련 프로그램을 실행한다. 요일별 재미 찾기와 칭찬 페스티벌, 해외여행, 유머경영대회, 쾌적한 휴식공간 마련과 웃음치료 등이 그것이다. 부서차원의 배려 활동으로는 상사가 부하의 의견을 진심으로 경청하고 존중하는 마음자세를 견지하며, 작은 성공에 대해서도 따뜻하게 칭찬하고 감사하는 마음을 전한다. 그리고 부하가 하고 있는 업무에 대하여 가치를 부여하고 업무의 중요성을 전달하여 부하가 자신의 업무에 대하여 자부심을 갖고 즐겁게 일할 수 있도록 배려한다. 가정생활의 배려 활동은 회사차원에서 직원들의 자녀교육과 돌봄을 지원하기 위한 어린이집 운영, 가족과의 갈등을 상담할 수 있는 상담소 운영 등을 들 수 있으며, 일선 관리자는 결혼기념일 축하와 휴가사용의 권장, 자녀취학 축하, 가족과 함께하는 송년회 등 가족동반 프로그램을 기획하여 실행할 수 있다. 의사소통 활동은 기업과 일선 관리자가 수행한 활동이 어떤 효과를 나타내고 있는지를 알아보는 피드백 활동으로써, 조직차원에서는 토의나 의견 조사, 무기명 게시판 운영 등을 통해 직원들의 의견을 수시로 청취하고, 부서차원에서는 대화가 대표적인 의사활동이라고 할 수 있다. 즉 업무를 제대로 수행하였는지 그 결과에 대해 대화하고 업무수행 방법에 대해 토의하며, 그 밖에 개인적인 일에 대해 상사와 부하가 편안하게 대화할 수 있다면 직원들은 즐거울 뿐만 아니라 성과에도 긍정적인 영향을 끼칠 것이다. 내적 즐거움 활동은 외적인 측면뿐만 아니라 직원들로 하여금 내적인 즐거움을 느낄 수 있도록 하는 활동으로써, 먼저 즐거움과 재미라는 요소가 조직의 가치체계 안으로 체화되도록 하고 직원들이 자신이 수행하고 있는 업무와 몸담고 있는 조직에 대해 자부심을 갖도록 배려하며, 그 이외에 구성원들에 대한 신뢰와 존중, 공동체 의식과 동료애 제고, 소속감과 주인의식 고취, 성공 체험, 칭찬과 격려를 아끼지 않는 조직분위기 조성 등이 이에 해당된다고 할 수 있다(김현기, 2003; 진현, 2006).

그러나 국내의 주요 기업들이 즐거움과 재미가 넘치는 직장분위기를 조성하기 위해 일반적으로 채택하고 있는 방법은 환경 등의 편안함과 흥미있는 이벤트를 제공하는 데 두고 있다. 즉 매달 휴가 보내기와 상품권을 주는 펀(fun) 데이, 칭찬하기, 1년에 한 번씩 가족의 날 등과 같은 이벤트를 추진한다. 하지만 이러한 가시적인 조치는 단기간 내 조직 구성원들의 참여를 쉽게 유도할 수 있고 홍보 효과가 크다는 장점은 있을 수 있으나 일시적인 이벤트 활동만으로는 다음과 같은 한계가 있다. 먼저, 이벤트를 한다고 해서 실제 일에 대한 즐거움과 재미가 커지지 않는다는 점이고, 둘째, 그 효과도 지속되지 못한다는 것이며, 셋째, 자칫 잘못 운영될 경우 이러한 활동은 조직분위기를 흩트리는 부작용을 초래할 수도 있다. 따라서 가시적인 조치에 따른 부작용과 한계를 미연에 방지하고 조직에 대한 만족도와 충성도를 높이며 생산성 향상을 자연스럽게 이끌어 내기 위해서는 일회성이 아닌 보다 근본적인 변화 노력이 필요하다. 즉 회사는 외적인 측면에서뿐만 아니라 조직 구성원들이 내적인 즐거움과 재미를 진정으로 느낄 수 있도록 조직 특성에 적합한 펀 경영 시스템을 구축하고 이를 지속적으로 추진하여 조직문화로 정착되도록 하는 것이 무엇보다도 중요하다(김현기, 2003; 진현, 2006).

2. 펀(fun) 리더십 행동

가. 펀 리더십의 개념

조직이 성과를 달성하는 과정은 곧 조직 구성원의 태도 형성 과정이며, 리더십은 이러한 조직 구성원의 태도를 움직이고 지휘하는 하나의 관리 활동으로써 조직 구성원의 창의력 발휘와 자발적 참여를 촉진시켜 조직의 성공을 이끌 수 있는 가장 중요한 요소 중의 하나가 바로 리더십이다(차현수, 2004). 따라서 오랫동안 많은 학자들의 주요 초점의 대상이 되어 온 리더십은 그 주제에 관한 많은 문헌이 입증하듯이 항상 인사·조직 관련 학자들의 주요 관심분야였다(이덕로, 1995). 그러나 리더십은 사람과 사람 사이의 관계에서 발생하는 것으로서 인류가 사회적 활동을 시작한 이래 끊임없이 논의의 대상이 되어 왔고 연구자에 따라 각기 개별적인 입장에서 다른 의미로 정의되고 있는 것도 사실이나, 리더가 발휘하는 능력이며 기능인 리더십은 일반적으로 한 개인이 다른 구성원에게 이미 설정된 목표를 향해 정진하도록 영향력을 행사하는 기술(art) 또는 과정을(process) 말한다(심정문, 2005; Koontz *et al.*, 1980). 그리고 행동과학적인 리더십 개념에는 상호 작용의 변수로써 리더(leader), 즉 다른 구성원에게 영향을 주거나 영향을 주려고 노력하는 집단 구성원, 팔로워(follower), 즉 영향을 받는 또한 영향의 대상이 되고 있는 구성원, 그리고 상황(situation), 즉 리더와 부하 간의 영향 과정을 둘러싼 환경 등이 포함된다(Hughes *et al.*, 1999).

그동안 리더십에 대한 일반적인 연구 방향은 전형적으로 특성이론에서부터 출발하여 행동이론을 거쳐 상황이론으로 전개되어 오고 있으며(이덕로, 1995), 최근까지는 변혁적 리더십[4]과 거래적 리더십[5]이 조직 유효성에 관한 연구에서 주를 이루고 있다. 그러나 오늘날 대부분의 조직들은 날로 복잡해지고 급변하는 조직 내외의 환경적 도전에 직면하고 있으며, 이러한 환경적 특성은 전통적인 관리이론 및 관행들이 그 환경적 변화를 충분히 반영하지 못함으로써 이들 조직들에게 새로운 관리 패러다임으로의 전환을 요구하고 있다(박동수·정성한, 1999).

이렇듯 기업 경영의 환경이 급격하게 변화하고 최근 펀 경영이 경영의 새로운 트렌드로 자리를 잡아 가면서 기업 내에는 교육, 마케팅, 제품 등 모든 부문에 웃음과 유머, 칭찬 등이 다양한 방식으로 도입되고 있다. 즉 현대의 리더십은 사회 및 기업 경영의 환경이 하루가 다르게 변화하고 기존 리더십에서 충분히 고려되지

---

4) 변혁적 리더십은 리더가 부하들로 하여금 자기 자신의 이익을 초월하여 더 나아가 조직의 이익에 대해 관심을 가지고 공헌하도록 고무시켜 주고, 부하 자신의 성장과 발전을 위해서도 노력하도록 중대한 영향을 미치는 리더십이다(심정문, 2005). 또한 변혁적 리더십은 부하의 신념, 욕구, 그리고 가치에 있어서 변화와 같은 부하의 복종 이상의 것을 포함하는 것으로 리더와 부하 간의 높은 윤리성과 동기부여를 불러일으키는 과정이다(주윤수, 2006).

5) 거래적 리더십은 동기부여에 영향을 미치기 위한 인센티브나 조건적 보상뿐 아니라 보상을 얻기 위해 필요한 과업을 명확히 하는 것을 포함하며, 거래적 리더십의 연구는 집단의 과업성취나 조직목표 실현에 집착하여 사회적 교환행위, 지시, 지원행위 및 강화행위 등과 같은 수단적 행위에 관심을 두고 있다(주윤수, 2006).

않았던 다양한 특성이 놀라울 만큼 확대되고 있으며, 또한 복잡하고 어려운 기업경영의 환경에서 이를 극복하고 다시 성장의 궤도로 들어서기 위해서는 경영자를 포함한 현장 관리자들의 리더십 스타일이 변화하는 기업경영의 환경에 맞게 변화하지 않으면 안되는 상황에 있다. 따라서 이러한 환경 극복을 위한 대안으로 등장하고 있는 리더십 이론들이 가치중심 리더십, 원칙중심 리더십, 임파워링 리더십,[6] 팀 리더십,[7] 이슈 리더십,[8] 서번트 리더십,[9] 감성 리더십[10] 등이며, 그중 하나가 펀 리더십이다(오익재, 2006; 한광일, 2007).

그러나 펀 리더십이라는 용어는 각종 서적이나 신문, TV 등 각종 매체에서 펀(fun)과 펀 경영, 웃음, 유머 등의 용어를 사용할 때 이와 관련하여 자주 사용되고 있으나 아직까지 그 개념 등이 명확하게 정립되어 있지 않은 상태이다. 펀 리더십과 관련된 내용을

---

6) 임파워링 리더십이란 명확한 목표와 권한, 책임, 지도를 조직 구성원에게 제공해 맡은 일에 주인의식을 심어 주는 것을 말한다. 이는 조직의 생명력과 기(氣)를 살려주는 리더십이다(네이버 백과사전, 2008).

7) 팀 리더십은 팀 내 분산된 리더십 행동으로써 집단의 구성원들에 대한 영향력을 행사하는 과정이다(백기복, 2001).

8) 이슈 리더십이란 이슈를 창안 또는 수용하여 오디언스와 함께 성과를 도출하는 순환적 과정을 말한다. 즉 이슈 리더십은 ① 주어진 상황에서 중요하다고 판단되는 이슈를 창안하는 행위, ② 창안된 이슈를 관련된 전(全) 방향의 구성원들(즉 오디언스)에게 그 중요성을 설득하여 동참과 몰입을 이끌어 내는 행위, ③ 이슈를 성공적으로 실천하기 위한 효과적인 실천 시스템을 구축하는 행위들을 지속적으로 추구하여 끊임없이 높은 성과를 산출하는 리더십 스타일을 의미한다(백기복, 2005).

9) 서번트 리더십은 인간 존중을 바탕으로 다른 구성원들이 공동의 목표를 이루어 나가는 데 있어 정신적·육체적으로 지치지 않도록 환경을 조성해 주고 도와주는 것을 말한다. 즉 조직 구성원들이 잠재력을 발휘할 수 있도록 도와주고 이끌어 주는 리더십으로서 방향 제시자, 파트너, 지원자의 역할에 초점을 두고 구성원들을 리드해 나가는 것이다(오익재, 2006).

10) 감성 리더십은 조직 구성원의 열정과 몰입을 이끌어 내어 감성적인 에너지가 폭발할 수 있도록 촉진, 관리하는 리더십을 말한다(오익재, 2006).

살펴보면, 전동진(2005)은 웃음과 유머의 기술을 사용하는 웃음치료와 레크리에이션과 리더십 요소가 유기적으로 결합된 리더십 유형을 펀 리더십이라고 하였고, 오익재(2006)는 펀 리더십은 서번트 리더십, 감성 리더십 등과 유사한 개념으로 미래에는 보스형 CEO가 아니라 코치형 CEO의 시대, 펀 리더[11]의 시대, 상사가 아닌 부하의 리더십 비중이 커지는 사회가 될 것이라고 하였다. 한광일(2007)은 펀 경영 등과 관련된 환경하에서 진정한 리더십이란 윽박지르고 권위를 내세우는 것이 아니라 상대방을 배려함으로써 상대방으로 하여금 진심으로 우러나는 존경심으로 스스로 따르게 하는 것이라고 하였다. 조혁균 펀 경영 연구소장은 회사 내에서 조직 구성원들이 자신의 존재 가치를 찾고 신바람 나서 일할 수 있도록 하는 것, 그리고 그러한 조직을 만들어 갈 때 펀 리더십을 발휘한다고 할 수 있다고 하였고(월간 Leaderpia, 2007), 한국 펀 (Fun) 리더십 센터의 김홍걸 소장은 최근 펀 경영이 부각되면서 CEO의 리더십이란 '두려운 칼'이 아닌 '부드러운 미소'를 지닌 인물이 되어야 한다고 하면서 CEO는 평상시에는 풍부한 유머감각으로 조직분위기를 활기차게 이끌어 가지만 '선택과 집중' 앞에서는 단호한 리더십을 발휘할 줄 아는 펀 리더십이 필요하다고 강조하였다(한국경제신문, 2006).

따라서 앞에서 살펴본 펀(fun)과 펀 경영, 리더십의 개념, 펀 리

---

11) 펀 리더는 직원들을 미소 짓게 하고 일에 대해 열정을 북돋아 주는 리더로서 조직에 활력을 불어넣어 성과를 창출하는 리더를 말한다. 또한 펀 리더는 자신이 재미있는 스킬을 갖고서 남들을 박장대소하게 만드는 것만이 아니라 직원들의 역량 개발과 그들이 회사에 오고 싶도록 고민하고 그 해결책을 펀으로 강구하는 자이다(월간 Leaderpia, 2007).

더십과 관련된 내용 등을 종합해보면, 펀 리더십이란 펀(fun)과 리더십의 합성어로써 즐거움과 재미를 통해 조직목표를 달성하고 펀 경영을 실천하기 위한 직원존중의 리더십이라고 할 수 있다. 즉 펀 리더십은 "조직에 활력을 불어넣어 조직 구성원 개인 혹은 집단 성원으로 하여금 자신이 하는 일 자체와 직장에 대해 자부심과 즐거움, 재미를 느끼도록 배려하여 조직성과를 극대화할 수 있도록 유도, 조정하는 리더의 기술 또는 과정"이라고 정의할 수 있다.

21세기는 재미있는 직장이 일류 기업이 될 것이라고 한다. "나는 직장에서 얼마를 벌 수 있나?라는 개념에서 내가 일하는 직장은 얼마나 재미있는 일터인가?로 직장인들의 직장관이 바뀔 것이다."라고 한다. 이러한 측면에서 미래에는 직원들에게 활력을 주고 즐겁고 재미있게 일할 수 있도록 배려하는 펀 리더십이 더욱 중요시 될 것이다(김현기, 2003).

나. 펀 리더십 행동

리더십은 '행동철학'이라고 할 만큼 리더의 행동을 중요시하기 때문에 리더십에서 행동이론이 차지하는 비중은 매우 크다. 특히 현 시대는 조직 구성원의 가치를 고차원적으로 끌어올려 높은 차원의 행동을 할 수 있게 하는 리더십이 요구되고 있다(김일석, 2002). 따라서 최근 국내의 벤처기업에서부터 시작된 펀 경영이 대기업까지 확산되면서 많은 기업들이 즐겁고 재미있는 기업, 일하고 싶은 직장을 만들기 위해 다양한 방법을 도입하고 있다. 즉 부서별로 영화를 보는 무비 데이, 1주일에 한 번 정시 퇴근하는 땡 데

이, 토요일마다 캐주얼을 입는 캐주얼 데이 등 요일별 재미 찾기와 휴가 보내기, 박장대소 운동, 칭찬 페스티벌, 유머 경영대회 등 헤아릴 수 없이 다양한 방법으로 즐거움과 재미를 찾아가는 것을 볼 수 있다(오익재, 2006; 이요셉, 2005; 한광일, 2007). 기업환경이 변화함에 따라 오익재(2006)는 리더가 조직분위기를 바꾼다고 하면서 펀 경영이 성공하기 위해서는 조직을 이끄는 경영리더가 변해야 한다고 강조하였고, 한광일(2007)은 재미있는 리더가 조직을 춤추게 한다고 하면서 리더가 성공하려면 유머감각이 있어야 한다고 하였다. 특히 최근 펀 경영이 확산되면서 지금까지 조직에서 그리 중요하게 여겨지지 않았던 조직에 활력을 불어넣어 성과를 창출하는 펀 리더가 중요시되고 있다.

그러나 직무환경을 펀(fun)하게 창출하기 위한 제안이나 일화와 같은 내용은 많이 제시되고 있으나 어떤 요소들이 실제로 직무환경을 즐겁고 재미있게 만드는가에 관한 조사나 실증적인 연구는 매우 미흡한 실정이다(Karl & Peluchette, 2006). 따라서 본 연구에서는 리더의 펀 리더십 행동의 측정 변수를 최근 요구되는 펀 리더의 자질과 행동 요건, 재미 요인, 펀 리더십과 관련된 리더십의 구성 요인 등을 고려하여 웃음, 유머, 칭찬으로 설정하였다.

먼저, 펀 경영의 확산과 시대의 흐름에 발맞춰 리더들에게 요구되는 자질도 변하고 있다. 즉 과거의 권위주의적이고 카리스마적 자질에서 커뮤니케이션 능력과 함께 유연한 사고, 고정관념 탈피, 부드러운 표정, 유머능력 등이 리더 행동의 기본 조건이 되어 가고 있다(오익재, 2006).

그리고 최근 기업들의 새로운 인재상으로 펀(fun) 리더가 중요시되고 있는데, 펀 리더의 행동 요건을 요약해 보면 다음과 같다. 첫째, 조직 구성원을 진심으로 사랑하고 존중하는 마음자세를 가져야 한다. 이는 펀 경영이 단순히 웃음이 아닌 만족 경영이고 사랑 경영, 직원존중 경영이기 때문이다. 둘째, 조직 구성원들에게 즐거움과 재미를 주어 조직을 활성화시킬 수 있는 수준있고 도덕적인 유머감각을 구비해야 한다. 웃음과 유머는 일하기 즐거운 기업을 만드는 펀 경영의 실천 도구이며, 리더가 먼저 유머감각을 가지고 직장에 활기를 불어넣어야 직원들의 자발적인 참여와 헌신, 창의력을 이끌어 낼 수 있기 때문이다. 셋째, 직원을 칭찬하고 격려하는 마음을 가져야 하고, 넷째, 조직 구성원의 의견을 진정으로 존중하는 마음자세를 가져야 한다. 다양한 커뮤니케이션을 통해 직원들의 의견을 수렴하고 이를 해결하는 과정을 통하여 조직 구성원들과 높은 신뢰를 쌓을 수 있다. 다섯째, 조직 구성원의 성장을 위해 투자한다. 훌륭한 일터는 직원들의 성장을 통해 회사도 성장한다고 믿기 때문이다. 여섯째, 서비스 정신을 생활화한다. 리더 자신이 생각을 바꾸고 서비스와 마음을 직원들에게 베풀 때 진정한 펀 리더가 될 수 있다. 이 외에 주변환경 변화에 긍정적으로 대처하고 자기개발을 위해 끊임없이 노력하는 자세, 직원의 가족들도 직원처럼 존중하는 마음자세 등을 들 수 있다(류종훈, 2005; 조순배, 2006; 한광일, 2007; Leslie, 2001).

재미와 관련된 요인은 주로 스포츠 심리학이나 광고 분야에서 많은 연구가 진행되어 오고 있는데, 학자들의 연구 목적에 따라 다양한 하위 요인을 제시하고 있다. 김영미・한혜원(2005)은 그들의 연구에서 댄스스포츠의 재미 요인을 흥미, 건강, 사교, 인정으로 설정하여 연구를 진행하였고, Csikszentmihalyi(1990)는 재미를 의미하는 모든 행복한 경험의 주요 구성요소를 기쁨과 재미로 구분하고, 기쁨은 생리심리학적 기제인 항상성을 이루어 낼 때 느끼는 체험이며, 심리적 에너지를 요구하는 재미는 구체적인 활동을 통하여 기대 이상으로 체험할 때 느끼는 반응이라고 하였다. 그리고 김형룡·주석범(2005)은 레저스포츠 재미의 하위 요인을 유능성, 성취, 재미로 설정하여 레저스포츠 몰입 및 참여 정도가 재미에 미치는 영향을 연구하였고, 김학진 등(2007)은 재미있는 경험의 내적 구성요소로 목표와 의식, 감정상태를, 외적 구성요소로 상상력 자극과 신뢰성 형성, 이해와 공감대 형성, 생생함 등을 들었다. Karl *et al.*,(2005)은 직장에서 펀(fun) 활동으로 콘테스트, 게임, 선물, 축하행사, 식사, 상(포상), 회사차원의 소풍, 사보, 펀 위원회 등을 들었고, '훌륭한 일터(great work place) 운동'으로 펀 경영을 활성화시킨 로버트 레버링 박사는 훌륭한 일터는 직원들이 상사와 경영진을 신뢰하고 맡은 일에 자부심을 느끼며, 동료들 간에 재미를 느낄 수 있는 곳이라고 하였다(오익재, 2006; 전미향, 2005; 진현, 2006).

펀 리더십과 관련된 리더십의 구성 요인을 살펴보면, 전동진(2005)은 펀 리더십 행동으로 가장 중요한 것은 웃음과 유머라고 하였고, 심정문(2005)은 배려적 리더십과 관련하여 부하의 조언 수렴, 도움, 의견수렴, 변화 모색, 칭찬, 친절 등을 구성요소로 연구하였다. 구명숙(2007)은 관계 리더십을 기르기 위해서는 봉사와 사랑, 신뢰, 경청하는 태도 등의 덕목을 가져야 한다고 하였고, Goleman(2000)은 감성 리더십의 구성요소로서 자아인식 능력, 자기관리 능력, 사회적 인식 능력, 관계관리 능력을 들었으며, Sims(1997)는 서번트 리더십 차원을 솔직한 대화, 상대의 입장 이해, 공유 비전의 촉진, 타인의 필요를 위한 노력, 성장, 공동체 형성과 협력 장려 등으로 구분하였다.

따라서 앞에서 살펴본 바와 같이 리더의 펀 리더십 행동은 여러 가지 요소로 구성되어 있다고 볼 수 있는데, 본 연구에서는 리더의 펀 리더십 행동의 측정 변수를 웃음, 유머, 칭찬으로 설정하였다. 그 이유는 최근 주요 기업이나 기관에서 펀 경영을 추진하면서 웃음, 유머, 칭찬과 관련된 다양한 펀 활동을 시도하고 있기 때문이다. 또한 웃음과 유머는 진정한 고객만족, 고객관계 관리의 근본이자 건전한 회사운영의 토대가 되는 소중한 자산이고, 일하기 즐거운 기업을 만드는 펀 경영 전략의 강력한 도구이며, 칭찬 또한 관심과 격려, 신뢰의 강력한 매개체로서 펀 경영에 있어 중요한 구성요소이며 칭찬하고 격려하는 문화는 펀 경영을 위한 핵심 법칙 가운데 하나이기 때문이다(박기찬, 2008; 오익재, 2006; 전동진, 2005).

본 연구에서 설정한 펀 리더십 행동의 측정 변수인 웃음, 유머, 칭찬에 관한 정의, 유형, 효과 등을 살펴보면 다음과 같다.

a. 웃음(Laughter)

"웃지 않는 사람은 장사를 해서는 안 된다."라는 중국 속담이 있다. 이는 사람을 상대하는 데 있어서 웃음이 얼마나 중요한 것인가를 표현해 주는 말이다. 웃음은 인간만이 가질 수 있는 고유한 특성으로서 연령에 상관없이 누구나 미소를 짓거나 소리 내어 웃으며 소리가 없는 미소에서부터 박장대소에 이르기까지 그 정도 또한 다양하다(김영선, 2006). 웃음은 다양한 생리·심리적 과정에 따라 나타나는 감정 반응의 일종으로서 주로 안면 표정으로 나타난다. 웃음은 순환기계의 경련이 아니라 횡경막의 짧은 경련적 수축을 동반하는 깊은 흡기로부터 생기며 웃음 자체의 유일한 기능은 긴장으로부터의 해방이다(브리태니커 세계백과, 1994).

웃음에 대한 정의를 살펴보면, Th. 홉스는 웃음이란 돌연히 나타나는 감정표현이라고 하였고, A. 베인은 다른 사람의 권위와 체면이 상실된 이후에 직면하는 묘한 심리적 쾌감이라고 하였으며, A. 쇼펜하우어는 어떠한 기존의 관념과 또다른 관념이 대립하는 불균형적인 심리상태에서 예상 밖의 돌발적 사건이 유발되면서 나타나는 우스운 심리상태라고 하였다(류종훈, 2005 재인용). 류종훈(2005)은 웃음이란 즐거움을 수반한 신체적 자극, 즐거움 등으로 웃음을 유발시키는 신체적 감정의 표출과 심리상태를 형상화하는 신체의 변화 등을 말하고, 이것이 일반적으로 쾌적한 정신활동에 수반되어 나타나는 감정의 신체적 자기표현이라고 하였다. 조순배(2006)는 웃음이란 기대했던 고정관념이 깨질 때 반응하는 놀람과 기쁨의 소리로 기쁨과 행복이 넘치는 숨소리라고 하였으며, 생리학적으로는 보통 즐거움을 표현하는 일련의 발작적이고 무의식적으로 내뱉으며 특이한 소리를 내는 것이고, 심리학적으로는 사람들의 내면적 긴장 상태가 일순간에 해소되면서 나타나는 현상으로서 이는 고도의 정신과정에 의해 매개된다고 하였다.

웃음의 종류는 억지로 웃기는 것과 같은 신체적 자극에 의해 생기는 웃음 이외에 기쁨이나 만족감에 따라 생기는 즐거움의 웃음, 기지, 익살, 해학에 대한 웃음, 타인에 대한 미소로서 대표되는 연기의 웃음 등으로 구분할 수 있으며(이경순·김부덕, 1995), 라원기(2004)는 크게 신체적 자극에 의한 웃음, 기뻐서 웃는 웃음, 우스워서 웃는 웃음, 겸연쩍어서 웃는 웃음, 연기로서의 웃음, 병적인 웃음, 약이 되는 건강한 웃음, 인체에 독이 되는 웃음 등으로 구분하였다.

웃음의 발생기구에는 우월감, 긴장으로부터의 해방, 기대와 현실의 엇갈림, 우스운 생각을 하는 것 등이 있다. 웃음의 사회적 기능으로서는 사회적 긴장 완화, 고통으로부터의 방위, 어리석은 행위에 대한 거절 등을 들 수 있고 인간 사이를 연결 짓는 기능이 있으며, 사회의 테두리를 벗어난 사람을 불러 되돌아오게 하는 역할을 한다(Steams, 1972). Champman(1976)은 웃음의 사회적, 건강 관련적인 기능을 이론화하면서 웃음의 기능은 안전한 마개 역할을 하고 사회적 수용 가능성이 있으며, 주의 집중과 정보를 전달하고 대인관계에서 발생하는 불편감을 감소시킨다고 하였다.

웃음의 효과는 여러 가지 측면에서 제시되고 있는데, 일반적으로 첫인상을 좋게 하고 사회생활을 원만하게 할 수 있게 해 주며, 사람을 여유 있게 하고 웃음은 전염되기 때문에 웃음을 통해 자신도 행복해지고 남도 행복해진다. 또한 웃음은 신진대사를 활성화시킴으로써 스트레스와 불안과 긴장을 낮추는 데 크게 기여하기 때문에 건강한 삶을 살 수 있으며, 사람과 주변 환경을 변화시키는 마력을 가지고 있다(이요셉, 2005; 조순배, 2006). Simon(1988), Wooten(1996)은 웃음은 몸과 마음을 건강하고 즐겁게 해 주는 약이자 선물이며, 또한 긴장, 불안, 적의, 분노와 같은 불쾌한 상황에서 벗어나게 하는 유용한 대처전략으로 이용되는 효과적인 자기간호 도구이고 스트레스를 해소시켜 주는 완전한 해독제라고 하였다. 그리고 작업장에서 웃음은 ① 스트레스 레벨을 줄여 주고 직원들의 무력증을 예방해 준다. ② 사기를 높여 주며, 15%의 사기진작은 40%의 생산력을 증대시킨다. ③ 변화에 대한 적응력을 향상시킨다. ④ 의사소통력을 개발시킨다. ⑤ 싫증을 없애 주고 창의력을 증대시킨다. ⑥ 자신감을 세워 주고 일터에서의 자신감은 추진력과 성취도를 높여 준다(김용운, 1997).

b. 유머(Humor)

웃음을 일으키는 유머는 인간이 가진 오감에 이은 여섯 번째 감각, 즉 육감이라고 보아도 손색이 없을 정도로 중요시된다(Franzini, 2002). 유머는 다양한 자극을 활용하여 자신의 감정을 표현하는 수단이기에 의사소통 시 대인관계를 부드럽고 친근하게 하는 촉매제 역할을 할 수 있어 오늘날 배우자를 선택하는 데 있어서나 조직체 지도자의 리더십 발휘에 필요한 필수 조건으로 손꼽히기도 하고 환자의 심리 치료와 제품 광고에 쓰이기도 한다(이원형, 1995).

유머는 익살·해학·기질로 변역되며, 사전적 의미로는 남을 웃기는 말이나 행동, 우스개, 익살, 해학으로 순화되는 것을 모두 말한다(곽수진, 2005). 그러나 오늘날 사용되고 있는 유머에 대한 학자들의 정의는 매우 다양한데, 그 이유는 유머는 웃음보다 더 복잡하고 상위에 있는 인지적·정서적 과정으로 인간이 지닌 다면적 현상 중의 하나로서 단일 행동이 아닌 여러 다른 행동들의 완전한 혼합체이기에 유머를 명확히 설명하는 데 어려움이 있기 때문이다 (Davis & Farina, 1970).

유머에 대한 정의를 살펴보면, Freud(1928)는 유머는 긴장감을 완화시키고 정신적인 에너지의 절약을 통한 만족이나 쾌락의 창출이라고 하였고, Apte(1985)는 사회·문화적 현실 속에서 내적 수정을 요하는 인지적이며 무의식적으로 경험하는 유쾌한 마음의 상태라고 하였으며, Berger(1976)는 우리가 웃을 때 주어진 어떤 메시지에 대해 반응하는 것이라고 하였다. 한편 Weisfeld(1993)는 유머는 정서적인 것으로 정의되어야 한다고 하면서 유머는 웃음을 동반하는 유쾌하고 독특한 정서라고 하였고, 박옥순(2004)은 유머는 즐거움이나 웃음, 미소 등을 유발하는 모든 자극(말이나 행동, 글, 그림, 사건)이라고 하였으며, 조순배(2006)는 유머는 타인에 대한 호의와 친절의 발로로써 타인을 웃기거나 즐겁게 하는 말이나 행동이라고 하였다.

유머의 정의는 유머의 형성기제 이론에 따라 달리하기도 한다. 유머의 형성기제 이론은 각성 이론, 우월감 이론, 부조화 이론으로 대별할 수 있다. 먼저 각성 이론은 우리 몸에서 과도하게 축적되고 억압된 잉여 에너지가 유머와 웃음을 통해 방출된다고 보는 것이고, 우월감 이론은 유머나 웃음은 타인에 대한 우월감을 보이려는 욕망에서 나오는 우월감의 발로라고 보고 웃음을 승리의 음성적 표현으로 간주한다. 부조화 이론은 어떤 상황이 부조화(부조리) 요소를 담고 있어 기대하지 않았던 엉뚱한 일이 일어났거나 어떤 자극에서 기대하지 않은 반응을 얻었을 때 이것이 곧 웃음을 자아

내게 하는 요인이 된다고 보는 것이다(Martin & Lefcourt, 1986; McGhee, 1979).

유머의 효과에 대해 조순배(2006)는 친근감을 주고 인간관계를 원만하게 하며, 스트레스를 해소시키고 위기를 쉽게 극복할 수 있게 한다. 또한 정신적으로 건강하게 하고 비즈니스에서 상대를 내 편으로 만들어 주며, 각 분야에서 성공적인 리더가 될 수 있는 조건이 된다고 하였다. 그리고 Kubie(1971)는 기술적으로 유머를 잘 사용하면 말하기 난처한 민감한 부분에 대해 의사소통을 부드럽게 하고 갈등도 잘 파악하게 되어 경직되고 딱딱한 인간관계를 부드럽게 하는 분위기를 만든다고 하였고, Kaplan & Boyd(1965)는 종업원 간에 유머감각이 있으면 그 조직의 사기가 진작된다고 하였다.

유머의 유형은 유머가 인간이 지닌 다면적 현상 중의 하나이고 주관적 성격으로 인해 학자들마다 다양하게 분류하고 있다. Freud(1928)는 유머를 목적성이 있는 의도적인 유머와 목적성이 없는 비의도적인 유머로 구분하였고, Maslow(1943)는 유머를 적의 있는 유머(hostile humor), 우월적인 유머(superiority humor), 권위에 반항적인 유머(authority-rebellion humor)와 자아실현의 특성의 하나로 적개심이 없는 철학적인 유머로 구분하고, 적개심이 없는 유머 감각을 지닌 사람을 건강한 사람의 특성으로 꼽았으며, McGhee & Goldstein(1983)은 유머를 공격적 유머, 성적 유머, 모순적 유머로 분류하였다.

그러나 최근 유머의 부정적인 속성에 대한 변별을 시도하는 연구가 진행되고 있는데, Bryant & Zillmann(1988), Collins(1986), Sullivan (1992)은 교사의 유머가 갖는 영향에 관한 연구에서 교사가 유머를 잘못 사용할 경우 학생들의 자아 존중감이나 교사와 학생들 간의 관계가 손상되고 갈등이 고조되며, 학생들에게 교사가 촌스런 어릿광대(Bozo the clown)로 비춰질 수 있는 등 부정적 영향력도 경시할 수 없다고 하였다. 또한 과거 심리학자들인 Allport(1961), Frued(1928), Maslow(1954), Vaillang(1977)은 건강한 심리적 기능이 유머의 변별적인 사용과 연관이 있음을 언급하면서 유머의 변별적 사용을 강조하였다. 그리고 Martin *et al.*,(2003)은 유머사용 동기와 기능을 기준으로 네가지 유머의 종류에 대해 변별하고 그중에서 자기 고양적인 유머(self-enhancing humor)와 관계 동맹적 유머(affiliative humor)는 우울, 불안, 적대감과 부(−)적인 상관관계가 있는 반면, 공격적인 유머(aggressive humor)와 자멸적인 유머(self-defeating)는 우울과 불안, 적대감과 정(+)적인 상관관계가 높다는 사실을 밝혔다. 따라서 서구에 비해 경직된 한국사회에서의 섣부른 유머 사용은 오히려 역효과를 유발할 수도 있으므로 상황과 상대방 등을 고려하여 신중하고 진지하게 유머를 사용하여야 할 것이다(박옥순, 2004).

c. 칭찬(Praise)

사람은 주위 사람들로부터 인정받고 칭찬받기를 갈망하고 있다. 사람들이 하루하루를 열심히 사는 것도 가족들에게, 상사에게, 그리고 동료들에게 인정받고 칭찬받기를 원하고 있다고 해도 과언이 아닐 것이다. 특히 상사나 윗사람들로부터 자신의 행위나 업적을 인정받으면 세상을 얻은 것과 같은 성취감과 행복감을 느낄 것이다.

칭찬에 대해 Homes(1988)는 칭찬이라는 언어행위는 화자(話者)가 청자(聽者)에게 좋다고 인정되는 여러 가지 사물에 대해 청자를 기분 좋게 하는 것을 전제로 명시적·암시적으로 긍정적인 평가를 하는 행위라고 하였고, 유천근(1969)은 칭찬은 상의 한 방법으로 성공을 이루는 요소적 의미로 인정받고 권장될 어떤 행위에 대한 언어적 인정을 뜻한다고 하였다. 김원중(1999)은 칭찬은 생활의 즐거움과 긍정적인 자아상을 심어 주기 위해 바람직한 행동이나 장점들을 찾아 강화해 주기 위한 의도적인 언어와 행동, 태도를 말한다고 하였고, 조영화(2004)는 칭찬은 인정받고 권장할 어떤 행위를 촉진시키기 위한 자극의 한 방법으로 학습자의 동기를 자극시키는 언어적 보상이라고 하였다.

칭찬의 유형은 관점에 따라 여러 가지로 분류되지만 Boxer의 분류기준으로 살펴보면, 첫째는 물질적 칭찬으로 이는 음식물, 학용품, 장난감, 옷 등 개인이 가치를 두는 물질을 소유케 하거나 조작할 수 있는 것을 제공하는 것이고, 둘째는 사회적 칭찬으로 이는 화자의 언어적 칭찬이나 호의적인 신체적 표현으로 사회적 관계에서 일상적으로 이루어지는 것이며, 셋째는 활동적 칭찬으로 자유시간, 선호하는 역할이나 활동의 기회부여 등 정해진 활동에 비해 청자의 선호도가 높은 활동 특권을 부여하는 것이다. 넷째는 상징적 칭찬으로 상장, 메달, 트로피, 칭호 등 명예를 상징하는 것을 제공하는 것이고, 다섯째는 사정으로 등급, 점수, 평가, 논평 등 성적과 관계된 것을 들 수 있다(김광림, 2005).

칭찬의 효과는 모든 사람은 나름대로의 장점을 가지고 있는데, 이 장점을 찾아 칭찬해 주면 상대방은 자신의 존재 가치를 인식게 하는 기회를 갖게 되고, 다른 사람의 장점을 찾으려고 노력한다는 것은 자신의 인간됨을 보다 풍요롭게 만들며 보다 많은 것을 사랑할 수 있는 능력을 키워 주기도 한다. 또한 칭찬은 성장의 원동력이 되고 행동 변화의 촉매제가 되며 상처받은 마음의 치유제가 되고 인간관계를 원만하게 하는 윤활유가 된다(이재명, 2001). 이렇듯 칭찬은 칭찬을 하는 사람이나 칭찬을 듣는 사람 모두에게 영향을 주지만, 특히 칭찬을 듣는 사람에게 나타나는 효과는 ① 칭찬받은 행동을 더 잘하려고 한다. ② 상대방을 배려하고 자신감을 가진 원만한 성격을 갖게 된다. ③ 어떤 일의 과정을 칭찬하게 되면 어려운 문제에 대해 회피하려 하기보다는 자신감을 갖고 능동적으로 문제를 스스로 해결하려고 노력한다. ④ 상대방의 자존감을 높여 주고 자신감과 긍지를 갖게 한다. ⑤ 상대방을 칭찬할 줄 안다. ⑥ 상처받은 마음을 치유해 준다. ⑦ 사람이 갖고 있는 능력과 잠재력을 최대한 활용할 수 있도록 한다(성미옥, 2003).

3. 직무스트레스(Job Stress)

산업이 고도화되고 직무 환경과 내용이 복잡할수록 직무스트레스는 더욱 심화되어 현대 조직체의 심각한 문제로 대두되고 있다. 또한 스트레스의 과다는 개인의 건강 문제와 심리적 불만족은 물론 개인의 성과도 저하시키는 요인이 되고 있어 직무스트레스에 대한 관리 또는 이를 수용할 수 있는 능력 개발에 사회적으로 많은 관심이 높아 가고 있다(박은성, 1998).

스트레스에 대한 개념은 1960년대 들어서면서부터 산업 분야에서 다루어지기 시작하였으나, 1970년대에 들어와 French *et al.*,(1974)이 "개인의 기술과 능력이 직무 규정과 일치하지 않음으로써 조직이 제공하는 직무 환경과 개인의 욕구가 서로 맞지 않을 때 스트레스를 일으키게 된다."라고 보면서 직무스트레스의 개념이 본격적으로 도입되게 되었다(한광현, 1999). 그리고 조직 내에서 사용되고 있는 스트레스에 대한 용어도 조직스트레스(organizational stress), 직업스트레스(occupational stress), 작업스트레스(work stress), 직무스트레스(job stress) 등 다양한 용어로 사용되고 있으나 직무스트레스란 용어를 일반적으로 사용하고 있다(장영호, 2005).

직무스트레스는 조직 구성원의 직무수행 환경과 관련된 스트레스로서 학자들의 연구 목적에 따라 상이하게 정의되고 있는데, 이는 자극, 반응, 환경 특성, 개인차, 개인과 환경 간의 상호작용적 상황에 따라 직무스트레스의 개념을 다르게 표현하고 있기 때문이다(Paker & Decotiis, 1983). French *et al.*,(1974)은 직무스트레스를 개인의 기술과 능력이 직무 과정에 부적합하고 조직에서 제공한 직무 환경과 개인의 욕구가 부적합한 상태라고 정의하였고, Paker & Decotiis(1983)는 디스트레스[12]의 관점에서 직무스트레스를 작업장에서 지각된 조건이나 사건의 결과로 인해 특정 개인이 느끼는 역기능적 감정 또는 의식으로서 작업장에서 이탈하고자 하는 개인의

---

[12] 스트레스란 부정적인 가치와 긍정적인 가치를 동시에 지니고 있는데, 부정적인 측면을 디스트레스(distress), 긍정적인 측면을 유스트레스(eustress)라고 한다. 이때 유스트레스는 스트레스 반응이 긍정적이며 바람직한 결과로 나타나는 것으로써 개인과 조직의 성장 및 적응, 높은 성과 수준과 관련이 높은 반면, 디스트레스는 스트레스 반응이 부정적이며 파괴적인 결과로 나타나는 것으로써 사망, 심장병, 결근율 증가와 같은 개인적·조직적으로 역기능적인 결과로 나타난다(장영호, 2005).

감정이라고 하였다. 또한 McGrath(1976)는 직무스트레스를 개인과 직무 규정 간의 관계, 개인과 행동의 규제 및 기회 간의 관계에서 무엇인가 일어나는 것이라고 하였고, Beehr & Newman(1978)은 직무스트레스를 직무와 관련된 요인들이 개인의 심신과 정상적인 기능을 이탈하도록 종업원에게 영향을 미치는 상황이라고 하였으며, 장영호(2005)는 직무스트레스란 개인의 욕구나 능력이 직무 환경의 요구와 일치되지 못함을 지각할 때 발생하는 생리적·심리적·행동적으로 불균형 및 부적합 상태라고 정의하였다.

따라서 직무스트레스는 직무 환경에서 일어나는 모든 사건들이 개인에게 스트레스를 느끼게 할 수 있으며, 이는 개인, 집단 및 조직차원에서 조직 구성원의 직무 수행과 관련된 요인들에 정적·부적으로 영향을 미치게 된다. 즉 조직 내에서 대인관계, 역할과다, 업무과다와 같은 원인들에 의해 갖게 되는 직무스트레스는 조직 구성원으로 하여금 의기소침, 우울, 피곤함 등의 육체적·심리적 증상을 갖게 하고, 이는 조직 구성원으로 하여금 업무 사고를 유발하는 원인이 되며, 이는 다시 작업과 직무 몰입의 저하로 나타나 결국 노사관계의 악화, 잦은 이직, 직무성과의 저하 등 조직성과와 성장에 중요한 저해 요소가 된다(김형섭, 2006; Beehr & Bhaget, 1985).

직무스트레스의 요인은 직장에서 직무 환경과 관련하여 발생하는 스트레스 요인을 의미하는 것으로서 학자들의 연구 방향에 따라 다양하게 제시되고 있는데, Ivancevich & Matteson(1987)은 직무스트레스 요인을 조직 내적 요인과 외적 요인으로 구분하고 조직 내적 요인은 다시 작업환경 요인, 개인 요인, 집단 요인, 조직 요인으로 세분화하였다. Beehr & Newman(1978)은 직무스트레스 요인을 직무 요구와 과업특성 요인, 역할요구 혹은 역할기대 요인, 조직 특성과 상황 요인, 조직내부 요구 및 상황 요인으로 구분하였고, McGrath(1976)는 직무스트레스 요인을 과업 요인, 역할 요인, 행동상황 요인, 물리적 상황 요인, 사회적 상황 요인, 개인 시스템 내 요인으로 구분하였으며, 황미구(2001)는 직무특성 요인, 조직 내 개인역할 요인, 대인관계 요인, 경력개발 요인 등으로 구분하였다.

4. 직무태도(Job Attitude)

태도는 어떤 사람이나 대상에 대한 신념, 감정 및 행동 의도를 총칭하는 개념으로, 이는 인간의 행동을 연구하는 중요한 요소이다(임우택·김영재, 2006). 따라서 인간관계가 연구되기 시작한 이래 조직 구성원의 직무나 조직에 대한 태도를 호의적인 방향으로 개선시키기 위한 많은 노력과 투자가 행해져 왔다. 이것은 조직 목표와 개인 목표의 합치는 현대 인적자원 관리의 이상에 부합되는 주제이기 때문이다.

또한 조직 수준에서 태도를 다루는 이유는 조직 구성원의 직무태도는 조직성과와 밀접한 관계가 있기 때문이다(차현수, 2004). 따라서 조직 행위론 관점에서 조직 구성원의 태도 중에서도 경영상 중요한 것은 개인이 갖고 있는 직무에 대한 태도이다. 즉 직무에 대해 조직 구성원들이 호의적인 태도와 긍정적인 태도를 소지

한다면 조직 구성원 개인이나 조직 모두에게 바람직할 것이며, 최소한 경영관리 비용의 절감을 기대해 볼 수 있을 것이다. 따라서 조직 구성원들이 자신이 수행하고 있는 직무에 대해 기본적으로 어떠한 태도를 가지고 있는지와 호의적인 태도를 어떻게 형성시키느냐 하는 것은 집단의 공동 목표달성과 관련하여 중요한 의미를 갖는다고 할 수 있다(전미향, 2005).

직무태도란 직무에 대한 태도로써 직무와 관련되어 좋게 또는 나쁘게 일관성 있게 반응하는 모든 학습된 심리적 상태를 말한다(박은영, 2001). 본 연구에서는 조직행동 분야에서 일반적인 측정 변수로 사용되고 있는 직무만족과 조직몰입, 이직의도를 직무태도의 하위변수로 설정하였다.

가. 직무만족(Job Satisfaction)

사람들 각 개인이 사회에 대해 여러 가지의 태도를 가지고 있듯이 조직 구성원들도 조직에 대해 매우 다양한 태도를 가지고 있다. 이 가운데 가장 중요하게 다루어지고 있는 것 중의 하나가 직무만족이다. 직무만족에 대한 연구가 중요한 것은 관리자에게 조직 구성원의 직무태도를 개선할 수 있는 방안을 제시해 줄 수 있기 때문이다(Robbins, 2001).

직무만족에 대한 최초의 연구는 Hoppock(1935)에 의해 이루어졌으며, 업무 수행자의 직무 수준(job level)과 만족 사이에는 긍정적인 관계가 있음을 검증하였다. 직무만족에 대한 정의는 학자들마다 다양한 견해를 제시하고 있는데, Smith(1955)는 직무만족은 각 개인이 자기 직무와 관련하여 경험하는 모든 감정의 총화 또는 균형 상태에서 기인되는 하나의 태도라고 정의하였고, McCormick & Tiffin(1974)은 직무만족은 직무로부터 관련시켜 갖게 되는 태도, 가치, 신념, 욕구 등 감정적 상태라고 하여 각 개인의 가치체계에 따라 다르게 작용할 수 있다고 하였다. Locke(1976)는 직무만족이란 정서적 반응이므로 그 개념을 내부 과정에서만 발견되거나 파악될 수 있는 것으로써 개인이 자신의 직무 또는 직무를 통해서 얻은 경험을 평가한 결과로부터 얻게 되는 유쾌하고 긍정적인 정서 상태라고 하였고, Beatty & Xchnier(1981)는 Locke의 정의를 인용하여 직무만족은 종업원의 직무 가치를 달성하고 촉진시키는 것으로써 개인별로 직무 평가에서 얻는 명쾌한 감정적 상태라고 하였으며, 구연원(2005)은 직무만족은 한 개인이 직무에 대하여 가지는 태도의 하나로서 개인의 태도와 가치, 신념과 욕구 등의 수준이나 차원에 따라 한 개인이 직무 평가 시 경험하게 되는 유쾌하고 긍정적인 정서 상태라고 정의하였다.

따라서 직무만족은 조직 구성원 개개인이 자신의 직무에 대해 가지는 호의적이고 만족해하는 개인 중심의 태도로써 조직의 효율성 측면보다는 개인의 욕구만족 측면에서 중요한 요소이며, 조직의 효율성을 증대시키고 조직 목표를 달성하는 데 순기능적 역할을 하는 긍정적 변수라고 할 수 있다(김형섭, 2006).

직무만족의 결정요인은 단순한 속성이 아닌 매우 복합적인 속성으로 구성되어 있는데, 이는 직무 자체가 원래 단순하지 않고 과업, 책무와 이들 상호 간 작용, 유인 체계 및 보상으로 이루어지기 때문이다(구연원, 2005). 따라서 직무만족에 영향을 미치는 요인들은 조사자의 주관, 지역, 시기, 대상 등에 따라 다양하게 분류되고 있는데, 일반적으로 개인의 특성과 직무의 특성 요인으로 구분한다. 그러나 욕구, 가치, 개성 등의 개인적 특성보다는 직무 자체, 임금, 승진, 감독, 동료 등의 직무적 특성을 일반적으로 직무만족 요인으로 제시하고 있다(김무진, 2005).

나. 조직몰입(Organizational Commitment)

조직몰입은 개인과 조직의 관계를 나타내는 말로서, 주로 조직에 대한 개인의 일체감, 집착, 애착 관여(몰입), 충성도, 동일시, 소속감 등의 정도를 의미한다. 따라서 조직몰입은 조직 전체에 대한 개인의 감정을 반영하는 태도이며 조직 구성원의 행동 양식을 결정하는 중요한 변수 중의 하나로서 조직 행동론에서 활발히 연구되고 있다. 그리고 이러한 조직몰입에 대한 연구가 지속적으로 이슈가 되고 있는 중요한 이유 중의 하나는 효율적인 인적자원 관리를 위해서는 조직몰입과 관련된 여러 변수들을 적절히 조절해야 하고 조직몰입이 직무만족보다 더 지속적이고 안정적인 태도일 뿐만 아니라 조직에 남아 있으려는 성향을 일반적으로 더 잘 나타내 주기 때문이라고 할 수 있다(김무진, 2005).

조직몰입에 대한 정의는 학자들에 따라 각기 다르게 제시되고 있지만 대체로 여러 가지 특성으로 구성되는 포괄적인 개념에는 동의하는 추세이다. 즉 조직몰입의 정의는 대체로 두 가지 접근방법을 취하고 있는데, 하나는 교환적 접근방법이고 다른 하나는 심리적 접근방법이다. 교환적 접근방법은 몰입여부가 투자와 성과에 따라서 달라진다는 것으로써 한 개인이 조직에 투자한 것보다 얻은 것이 더 많다면 그 결과로서 몰입도가 높아진다는 것이고, 심리적 접근방법은 개인과 조직 사이의 유대감 내지 긍정적인 심리 태도에 의하여 몰입도가 달라진다는 것이다(김무진, 2005). 한편 이 두 가지를 절충한 접근방법을 사용하기도 하는데, 대표적으로 Allen & Meyer(1990)는 조직몰입을 정서적 몰입[13], 유지적 몰입[14], 규범적 몰입[15]의 세 가지 유형으로 구분하였다.

또한 조직몰입은 조직 구성원이 조직에 대해 얼마나 애착을 가지고 조직을 위해 헌신하려는 의사가 있는가를 보여 주는 지표로써, 단순히 조직에 대한 충성만이 아니라 조직의 항구적인 번영에 대한 조직 구성원의 관심을 표현하는 지속적인 과정을 말한다(Northcraft & Neale, 1990). 따라서 조직몰입은 일반적으로 조직에 대한 개인의 동일시와 몰입의 상대적 정도, 즉 한 개인이 자기가 속한 조직에 대해 가지고 있는 일체감의 정도라고 정의되고 있다(권순일, 2000).

그리고 조직몰입에는 최소한 다음의 세 가지 요소가 포함되어 있다고 본다. 첫째는 동일시(identification)로서 이는 조직의 가치관과 목표를 자신의 것으로 받아들인다는 것이고, 둘째는 관여

---

13) 정서적 몰입은 조직 구성원이 조직에 대해 가지고 있는 감정적인 애착심과 동일시, 조직에 참여하고자 하는 강한 의지를 말하며, 조직에서 정서적인 몰입이 강한 구성원은 조직에 계속 남아 있고자 하는 의지와 모든 일에 열중하며 유대감을 가지게 된다.
14) 유지적 몰입은 조직에서 조직 구성원이 근무하는 시간이 많을수록 투자와 노력이 많게 되는데, 이로 인하여 조직에 남음으로써 얻게 되는 이익이 증가하거나 혹은 조직을 떠남으로써 발생되는 비용이 커질 때에 더욱 더 조직에 몰입하게 된다는 것이다.
15) 규범적 몰입은 조직에 충실하고 성심껏 업무를 수행하는 내적인 가치관으로써 도덕적인 의무감 때문에 조직에 남아 있고자 하는 의지를 나타내는 규범체계를 의미한다.

(involvement)로서 이는 개인이 업무 역할에 심리적으로 몰입하거나 몰두하는 것이며, 셋째는 충성심(loyalty)으로서 이는 조직에 대한 애착적 느낌이나 집착을 말한다(Buchanan, 1974). 이러한 측면에서 Porter *et al*.,(1974)은 조직몰입을 개인이 조직과 자신을 동일시하고 조직에 공헌하고자 하는 상대적인 정도라고 하였고, Steers(1977)는 조직에 대한 행동적 차원으로서 조직에 대한 애착과 조직에서 능동적으로 행동하려고 하는 정도라고 정의하였다.

조직몰입에 미치는 영향 요인에 대해서도 다양하게 연구가 되어 오고 있다. Steers(1977)는 개인특성, 직무특성, 작업환경 등의 세 가지 요소를 들고, 세부적으로 개인특성으로는 성취욕구와 나이를, 직무특성으로는 과업 정체성과 피드백, 선택적 상호작용을, 그리고 작업환경으로는 집단 태도와 조직 신뢰성, 개인의 중요성을 들었으며, Fink(1992)는 개인 수준, 개인 간 수준, 집단 수준, 조직 수준에 따라 조직몰입에 영향을 미치는 요인이 다르다고 하였다. 그리고 조직몰입의 변수를 종합적으로 정리한 Reichers(1985)는 조직몰입의 변수를 선행변수와 결과변수로 나누었다. 선행변수로는 보상, 근속연수, 목표 일체성, 직위, 연령, 직무만족, 직무스트레스, 교육정도, 직무 환경, 직무에 대한 도전 의식, 가치관, 성취 욕구, 리더십 등을 들었고, 결과변수로는 생산성, 이직, 결근, 근속 성향, 직무 성과 등을 들었다.

따라서 조직몰입은 조직 전체에 대한 개인의 감정을 반영하는 긍정적인 변수로서 일반적으로 조직몰입도는 고용 조직과 그 구성원들 간의 제반 가치와 목적의 함의가 이루어진 상태를 일컬으며, 이러한 상태는 조직의 다양한 요구와 영향력을 조직 구성원들로

하여금 자발적으로 받아들이게 하여 끊임없는 자기실현 노력을 통해 고용 조직의 효율성을 높이게 된다(옥원호·김석용, 2001).

다. 이직의도(Turnover Intention)

이직에 관한 연구는 1950년대에 주로 미국에서 시작되어 최근까지 지속적으로 이루어지고 있는데, 이는 기업의 인적자원 관리에 있어서 이직이 차지하는 비중이 크다는 것을 반영하는 것이라고 할 수 있다(천순덕, 2005). 즉 이직의도는 조직 구성원들에게 주어진 업무에 대한 성취감을 떨어뜨리고 최종적으로는 조직 발전에 부정적 결과를 가져다주는 요인이지만 조직의 긍정적 효과성에 영향을 미치는 부정적 요인을 최소화시키기 위한 예측 도구로 활용될 수 있다는 측면에서 많은 주목을 받아 오고 있다(김형섭, 2006).

이직의도에 대한 개념 정의에 앞서 이직의 개념을 먼저 살펴보면, 이직이란 넓은 의미의 재직(job tenure)과 반대되는 개념으로서 현재의 담당 업무를 그만두고 다른 직무나 조직으로 옮겨 가는 것을 말한다. 이직에 대한 정의 또한 학자들에 따라 다양한데, 대부분의 조직행동 연구자들은 이직을 조직 외부로의 이동이라고 정의한 Mobley(1982)의 정의를 따르고 있다. 왜냐하면 이직 연구의 초점은 작업장으로부터 종업원이 이직하려는 동기를 설명하는 감정적·인지적 과정을 이해하는 것이라고 보기 때문이다(황보 주, 2004). 이직에는 자발성 여부에 따라 자발적 이직과 비자발적 이직, 회피 가능성 여부에 따라 회피 가능한 이직과 회피 불가능한 이직으로 분류할 수 있고, 조직에 미치는 영향에 따라 순기능적 이직과 역기능적 이직으로 분류할 수 있다(천순덕, 2005).

따라서 이직이 외형상 행동으로 나타난 것이라면 이직의도는 아직 행동으로 나타나지 않은 개인의 이직에 대한 잠재적 태도나 경향성을 의미한다. Iverson(1992)은 이직의도를 종사원이 조직의 구성원이기를 포기하고 현 직장을 떠나려고 하는 의도 또는 성향의 정도라고 정의하였고, Allen & Meyer(1990) 역시 이직의도는 이직과는 달리 종사원이 조직의 구성원이기를 포기하고 현 직장을 떠나려는 의도라고 하였다. 박세홍(1994)은 이직의도를 조직 구성원이 현재의 조직에 불만족하여 현재의 직무 상황과 조직을 이탈하려는 의도라고 하였고, 박규경(2000)은 조직 구성원 자신이 현재 소속된 상태에서 직무를 계속 수행하면 개인의 목표 달성에 이르기 어렵다고 느껴 직무를 이탈하려는 심리적 상태라고 정의하였다.

이직에 대한 측정 변수와 관련하여 이직은 일련의 행동과정으로써 하나의 흐름을 구성하여 여러 가지 요인의 상호작용에 의해 최종적으로 이직행위가 이루어지기 때문에 이직에 관한 많은 연구에서 이직의도를 이직의 중요한 대용 변수로 사용하고 있다. Bluedorn(1982)은 개인의 이직의도를 이직 과정의 중요한 변수로 이직의 직접적인 선행 요인으로 고려하였고, Dalton & Todor(1982)는 종업원이 일단 이직해 버리면 조직으로서는 다른 종업원을 고용하고 훈련시키는 방법 이외에는 다른 방도가 없기 때문에 이직행위 자체보다는 예방차원에서 이직의도에 직접적인 관심을 가지는 것이 필요하다고 하였으며, Brown & Peterson(1993)은 이직에 대한 현실적인 측정의 제한으로 인해 실제 이직행위보다도 이직의도를 연구 변수로 사용하도록 권장하고 있다. 따라서 대다수의 연구에서 이직의도를 조직 구성원의 행동적 성과 변수로서 이직행위의 대체 개념으로 사용하고 있다.

이직에 미치는 영향은 크게 개별적 이직영향 요인과 통합적 이직영향 요인으로 나눌 수 있다. 개별적 이직영향 요인에는 인구통계적 요인과 개인적 특성 요인, 직무내용 요인과 직접적 작업환경 요인, 조직 전반적 요인과 대체적 직무의 기회 요인, 기타 요인 등이 포함되고, 통합적 이직영향 요인으로는 태도적 요인, 직무태도와 이직성향, 제도적 요인, 성과와 이직 등을 들 수 있다(전미향, 2005). Cotton & Tuttle(1986)은 이직에 관한 실증분석 자료를 메타분석(meta analysis) 기법에 의해 분석한 후 직무관련 요인, 개인 특성 요인, 외부환경 요인으로 분류하였다.

Ⅲ. 연구 설계 및 가설 설정

본 장은 연구 설계 및 가설 설정 부분으로 앞 장에서 살펴본 연구의 이론적 배경을 토대로 연구 모형을 설정하고, 선행연구를 토대로 실증 검증을 위한 연구 가설을 설정하였다. 그리고 변수의 조작적 정의와 측정도구의 개발, 예비조사, 자료수집 및 표본 특성, 연구 분석방법 등 연구의 설계에 관한 사항이 포함되어 있다.

1. 연구 모형

연구 모형은 연구 내용을 의식적이고 명확하게 보여 주고 알려주며, 자료를 조직하고 과학적 아이디어를 전달하는 기능을 한다 (Kaplan, 1964). 본 연구의 목적은 조직차원에서 CEO의 펀 경영과 이를 실천하기 위한 부서차원에서의 리더의 펀 리더십 행동이 조직 구성원의 직무스트레스와 직무태도에 미치는 영향을 실증적으로 검증하고자 하는 것으로서, 연구 모형의 기능과 본 연구의 목적, 그리고 연구의 이론적 배경을 바탕으로 <그림 1>과 같은 연구 모형을 설정하였다. 외생변수[16]는 펀 경영으로 설정하였고, 내생변수[17]는 펀 리더십 행동과 직무스트레스, 직무태도 변수인 직

---

16) 외생변수(exogenous variable)는 독립변수의 개념으로서 다른 변수에 영향을 주는 변수이다. 또한 다른 변수로부터 영향을 받지 않는 변수이기도 한다. 따라서 구조방정식 모델 내에서 화살표가 시작되는 변수이다.

무만족과 조직몰입, 이직의도로 설정하였으며, 펀 경영과 펀 리더십 행동은 이들 변수를 측정하는 2차 요인으로 구성되었다. 즉 펀 경영은 펀 경영 활동으로, 펀 리더십 행동은 웃음, 유머, 칭찬으로 구성되었으며, 조절변수는 직무업종 형태로 설정하였다.

〈그림 1〉 연구모형

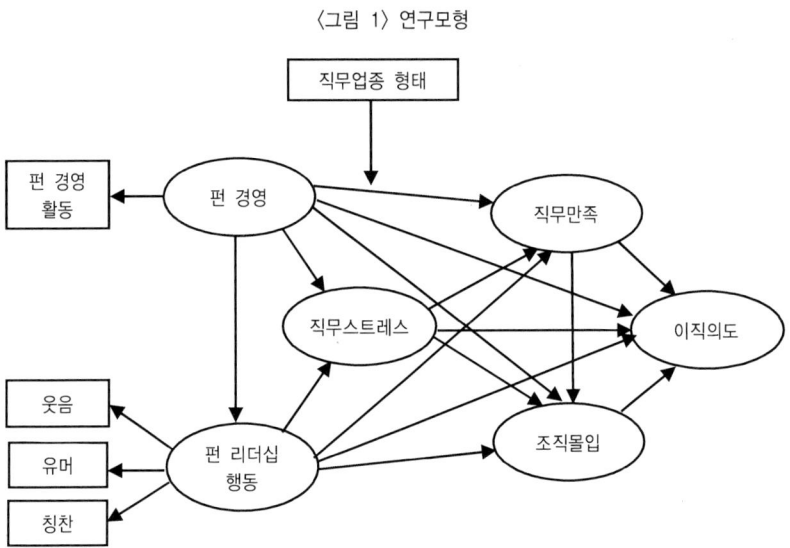

2. 가설 설정

본 연구에서는 크게 펀 경영과 펀 리더십 행동의 관계, CEO의 펀 경영과 리더의 펀 리더십 행동이 조직 구성원의 직무스트레스

---

17) 내생변수(endogenous variable)는 종속변수의 개념으로서 최소한 한 번은 직접 혹은 간접적으로 영향을 받게 되는 변수이다. 따라서 구조방정식 모델 내에서 화살표(영향)를 받는 변수이다.

와 직무태도에 미치는 영향, 그리고 추가적으로 직무스트레스가 조직 구성원의 직무태도에 미치는 영향과 직무태도 변수 간의 관계를 확인하고, 직무업종 형태에 따른 조절효과를 검증하기 위해 다음과 같은 가설을 설정하였다.

가. 펀 경영과 펀 리더십 행동의 관계

최근 국내의 주요 기업들은 펀 경영을 통해 회사를 신바람 나는 일터로 만들기 위해 다양한 펀 활동을 추진하고 있으며, 나아가 직원들을 직접 유머훈련에 참여토록 함으로써 직장 분위기를 활성화시키는 전략으로 발전시키고 있다(오익재, 2006). 특히 펀 경영의 확산과 조직 내에서의 다양한 펀 경영 활동과 관련하여 이러한 경영환경에 부합되는 리더의 펀 리더십 행동이 강조되고 있다.

또한 펀 경영을 성공적으로 추진하기 위해서는 CEO를 포함한 일선 관리자 등 리더들부터 펀(fun)해져야 한다는 것을 인식하고 직원들의 사기를 높이고 즐거운 기업 문화를 만들기 위해 CEO들이 직접 발 벗고 나서는 기업이 늘고 있다. 즉 직원들에게 어렵고 권위주의적이기만 하였던 CEO의 모습은 점차 사라지고 야단 대신 칭찬을 하며 개그맨을 자처하는 최고경영자들이 늘고 있으며, 일부 기업들은 딱딱한 CEO와 임원의 이미지를 바꾸기 위해 별도의 교육프로그램을 운영하는가 하면 펀 리더 육성을 위해 펀 리더 양성과정 등을 운영하고 있다. 현재 국내 200여 이상의 기업, 학교, 기관 등에서 웃음, 유머, 칭찬 등을 주요 내용으로 펀 리더 육성을 위한 펀 리더십 양성과정과 활기프로듀서 양성과정 운영, 레크리에

이션 강사 및 웃음치료사 자격과정 개설과 직접 참여 등을 통해 리더들부터 변화하기 위한 다양한 노력을 경주하고 있다(박기찬, 2008; 오익재, 2006; 한광일, 2007). 이는 리더의 능력과 리더십에 따라 개인의 행위와 태도에 영향을 미치고 조직성과에 중요한 결정요인이 되기 때문이다(구연원, 2005; Hackman, 1987).

또한 CEO가 펀 경영을 효율적으로 추진하기 위해서는 관련 부서를 통해 또는 부서장들과의 공감대 형성과 이들에 대한 선행 교육 등을 통해 추진하게 될 것이다. 따라서 본 연구에서는 다음과 같은 가설을 설정하였다.

가설 1: 펀 경영은 리더의 펀 리더십 행동에 정(+)의 영향을 미칠 것이다.

나. 펀 경영과 직무스트레스, 직무태도의 관계

펀 경영은 직장 내에 즐거움과 재미를 체화시켜 기업의 생산성을 자연스럽게 이끌어 내고자 하는 경영기법으로서, 즐거움과 재미는 긴장을 완화시키고 일에서 오는 스트레스를 풀어 주며, 일이 노는 것보다 우선이라는 강박감에서 벗어나 유연성, 창의력, 혁신 등을 자극하고 직원들의 열정과 능력을 증폭시켜 준다. 따라서 일하기 좋은 기업을 분석해 보면 재미라는 키워드에 창의와 열정, 도덕성, 만족감, 생산성이 결합되어 있는 것을 볼 수 있다. 재미있게 일한다는 것은 성공적인 고효율 조직이 갖는 유일하고도 대단히 중요한 특성으로서 일과 삶이 균형을 이루면서 즐거움과 재미가 함께 어우러지는 조직은 낮은 결근율, 직무만족도 향상, 생산성 증대, 업무태만 시간 감소 등의 경영 성과로 나타나게 된다(오익재, 2006).

국내의 경우 삼성 테스코에서 펀 경영을 실천한 결과, 매출과 시장 점유율이 가장 빠르게 수위에 올랐고 직장생활에 대한 만족도 면에서도 계속 우위를 차지하였으며 직원 퇴직률도 급격히 감소하였다(국윤성, 2006). 오리온의 경우 펀 경영을 도입한 후 도입 전과 비교하였을 때 영업사원의 이직률이 16%에서 10%로 6%가 감소하는 효과를 나타냈다(홍병철, 2006).

미국의 경우 <포춘>지에 발표된 100개 기업들의 공통점은 '재미' 요소를 기업 경영의 핵심으로 삼는다는 것이다. 순위는 매년 달라지지만 100대 기업 모두가 종업원에게 일하는 즐거움과 재미를 주며 직원을 존중하는 기업들이다. 포춘지에서 일하고 싶은 기업 1위에 뽑힌 사우스웨스트 항공사는 고객 감동의 첫째 대상이 직원임을 천명하면서 직원들과 더불어 즐거움을 찾기 위해 다양한 전략을 구사하여 46년 연속 흑자, 30년 평균 주가수익률 1위, 전 세계에서 가장 존경받는 기업 2위 등의 히스토리의 원천은 바로 유머에서 시작되었다고 해도 과언이 아니며, 이직률도 4%대로 경쟁사의 절반 수준을 유지하고 있다. 이는 일 자체나 직장에서 느끼는 재미가 긍정적인 사업 성과로 어떻게 연결되는가를 잘 보여주는 것으로써 조직 구성원들의 높은 직무만족과 업무몰입이 있었기에 가능한 일들이었다(오익재, 2006; 전미향, 2005).

한편 홍병철(2006), Leslie(2001)은 펀 경영은 직원들이 하는 일 자체와 즐거움, 재미를 자연스럽게 결합하여 조직성과를 끌어올린다고 하면서 구체적으로 펀 경영을 통해 기대되는 효과로서 조직 구성원의 창의력과 혁신성 향상, 조직 활성화, 스트레스와 결근율의 감소 등을 제시하였다.

그리고 직장에서의 펀(fun) 활동과 관련하여 Karl *et al.*,(2005)은 직장에서의 펀(fun)은 매우 중요하고 바람직하며 긍정적인 결과를 가져다준다. 구체적으로 대인관계와 팀워크를 향상시키고 스트레스와 긴장을 감소시키며, 직무가 펀(fun)할 때 조직 구성원들은 더 열심히 더 지속적으로 일을 하게 된다고 하였다. Karl & Peluchette (2006)은 직장에서 펀(fun)을 느끼는 조직 구성원일수록 자신이 하는 일에 대한 직무만족이 높고, 펀(fun)에 높은 가치를 부여하는 조직 구성원일수록 펀(fun)과 직무만족의 관계는 더욱 밀접하다고 하였으며, 펀(fun)을 경험한 사람일수록 고객서비스 질에 대한 지각에 영향에 미쳤다고 하였다. 또한 Ramsey(2001), Weiss(2002)는 직무에서의 펀(fun)은 조직 구성원의 동기와 생산성을 향상시키고 스트레스를 감소시키며 고객만족을 증가시키는 필수적인 요소라고 하였고, Hemsath & Yerkes (1997)는 펀(fun)은 모든 직장에서 행할 수 있고 모든 직장으로 유입되어야 한다고 강조하였다. 따라서 본 연구에서는 다음과 같은 가설을 설정하였다.

가설 2: 펀 경영은 조직 구성원의 직무스트레스에 부(-)의 영향을 미칠 것이다.
가설 3: 펀 경영은 조직 구성원의 직무태도에 영향을 미칠 것이다.
가설 3-1: 펀 경영은 직무만족에 정(+)의 영향을 미칠 것이다.
가설 3-2: 펀 경영은 조직몰입에 정(+)의 영향을 미칠 것이다.
가설 3-3: 펀 경영은 이직의도에 부(-)의 영향을 미칠 것이다.

다. 펀 리더십 행동과 직무스트레스, 직무태도의 관계

리더십은 조직이나 그룹 내에서 개인과 개인 간의 상호작용 및 개인의 행위와 태도에 지대한 영향을 미치며, 또한 리더의 리더십 행동은 직무수행 과정에서 발생하는 문제점과 애로사항을 해결하는 데 도움을 줄 수 있는 가장 실질적인 지원의 주체가 될 수 있기 때문에 조직 구성원의 직무스트레스와 직무태도 등에 크게 영향을 미친다(김무진, 2005; Hackman, 1987). 따라서 리더십에 관한 주요 연구는 주로 리더십과 조직 유효성 간의 관계에서 그 중요성이 강조되고 있으며, 많은 연구에서 리더십은 조직 구성원의 직무스트레스와 직무태도인 직무만족과 조직몰입, 이직의도, 동기부여, 개인적 발전 등과 높은 상관성이 있음을 밝히고 있고, 리더에 대한 조직 구성원의 인식이 긍정적일수록 조직 유효성이 높다는 것이 일반적인 연구 흐름이다(구연원, 2005; 김무진, 2005).

그러나 그동안 리더십에 관해서는 많은 논의와 연구가 진행되어 왔지만 펀 리더십 행동과 관련된 연구는 미흡한 실정이다. 따라서 본 연구에서는 리더십과 펀 리더십 행동의 측정 변수 등과 관련된 연구문헌을 토대로 연구 가설을 설정하고자 한다.

펀 리더십과 관련된 리더십과 직무스트레스의 관계에 관한 선행 연구를 살펴보면, 먼저 전통적인 배려를 중심으로 한 리더십 스타일과 스트레스 수준을 조사한 결과, 배려 성향이 높은 리더의 구성원들에게서 스트레스 수준이 낮게 나타났다(Seltzer *et al.*, 1989). 또한 Oaklamder & Fleishman(1995)은 높은 배려적 리더십은 이직률과 불만을 낮출 뿐만 아니라 집단 내부가 조화를 이룰 수 있도록 하고 작업 집단에서 조직 구성원들의 원활한 협조를 유발시킨다고 하였으며, Seltzer et al.,(1989)은 거래적 리더십에서의 상황적 보상은 소진과 스트레스를 줄여 주고 예외에 의한 관리는 스트레스를 증가시킨다고 하였다. 그러나 김영순(2001)은 그의 연구에서 학교장의 리더십 스타일은 직무스트레스와는 유의미한 차이가 없었다고 하였으며, 한광현(1999)은 거래적 리더십에서 상황에 따른 보상은 대체로 스트레스를 감소시키는 반면, 예외에 의한 관리는 스트레스를 증가시키고 생리적·심리적 스트레스를 감소시키는 데 크게 기여하지 못하였다고 하였다.

펀 리더십과 관련된 리더십과 직무태도의 관계에 관한 선행연구를 살펴보면, 심정문(2005)은 배려적 리더십은 직무만족과 유의적인 상관관계가 있다고 하였고, 이덕로(1994)는 변혁적 리더십 행동 중 개별적 배려는 직무만족, 조직몰입, 승진만족 등에 대해 긍정적인 영향을 미쳤다고 하였으며, Oreily & Robert(1978) 역시 변혁적 리더십 행동 중 배려는 직무만족, 조직몰입, 승진만족 등에 대해 어느 정도 설명력이 있는 것으로 나타났다고 하였다. 정현영(2006)은 감성 리더십은 직무만족과 조직몰입에 유의한 상관관계가 있고 유의적인 영향을 미쳤다고 하였으며, Luthans et al.,(1987)은 상급자와 유대관계가 원만하고 상사에 대해 만족감을 느낄수록 조직몰입의 정도가 높아진다고 하였다. 그러나 김병식(1997)은 그의 연구에서 부하들이 지각하는 리더십은 조직몰입에 정(+)의 관계이나 유의적이지 않았다고 하였다. 그리고 Vecchio & Norris(1996)는 이직에 미치는 리더십의 영향을 리더－하급자 교환관계로 실증 분석한 결과, 종업원의 이직의도는 리더에 대한 만족도에 따라 좌우된

다고 하였고, 김창한(2006)은 서번트 리더십은 호텔 종사원의 이직
의도에 유의한 부(-)의 영향을 미쳤다고 하였다. 그러나 Vecchio
& Gobdel(1984)은 교환관계와 이직의도 수준 간의 상관관계는 유
의하지 않았다고 하였고, 최영록(2003)은 리더십 유형 중 거래적
리더십은 이직의도에 통계적으로 유의한 영향을 미치지 못하였다
고 하였으며, 정현영(2006)은 감성 리더십은 이직의도와 유의한 상
관관계를 가지고 있으나 유의적인 영향을 미치지 않았다고 하였다.

펀 리더십 행동의 측정 변수와 관련된 선행연구를 살펴보면, 먼
저 웃음과 관련하여 Trice(1986)는 웃음과 스트레스에 관한 연구에
서 농담을 하고 웃는 집단이 웃지 않는 집단보다 스트레스를 적게
받았다고 하였고, Davidhizar & Schearer(1992)는 웃음과 이완이 스
트레스를 감소시키고 불안과 긴장을 완화시킨다고 하였으며,
Browning et al.,(1983)은 웃음을 서로 나눔으로써 친밀감과 소속
감, 우호감을 증진시킬 수 있다고 하였다. 또한 Martin &
Lefcourt(1986), Nezu et al.,(1988)은 유머가 스트레스에 부(-)의
영향을 미친다는 사실을 입증하였고, Dixon(1980)은 유머가 스트레
스를 대처하는 데 도움을 주는 중요한 요인이라고 하였으며,
Kaplan & Boyd(1965)는 종업원 간에 유머감각이 있으면 그 조직의
사기가 진작된다고 하였다. 그러나 황명숙(1991)은 그의 연구에서
유머감각과 스트레스 수준의 관계는 유머감각이 스트레스를 효과
적으로 대처하는 요인은 되지만 유머감각이 높다고 해서 스트레스
를 적게 받는 것은 아니었다고 하였다. 칭찬과 관련하여 김광림
(2005)은 대학생을 대상으로 칭찬 프로그램을 실험해 본 결과, 칭
찬은 대학생활 적응능력 향상과 대인관계 향상에 효과가 있었다고

하였고, 성미옥(2003)은 초등학생을 대상으로 칭찬 프로그램을 적용하여 실험해 본 결과, 학생들의 학교생활 만족, 수업과 교사에 대한 만족, 아동 간 인간관계에 대한 만족 등에서 유의한 차이가 있었다고 하였으며, 라석기(1985)는 칭찬은 체육에 대한 학습태도 변화에 긍정적인 효과가 있었다고 하였다.

그리고 펀 리더십과 관련하여 전동진(2005)은 펀 리더십은 사람들에게 긍정적인 감정을 유지토록 해 주고 스트레스를 용이하게 대처하는 데 도움을 준다. 또한 대인관계에서 긍정적인 요인으로 작용하며 조직 내에서 신뢰 형성에 긍정적인 영향을 미친다고 하였다. 따라서 본 연구에서는 다음과 같은 가설을 설정하였다.

가설 4: 펀 리더십 행동은 조직 구성원의 직무스트레스에 부(-)의 영향을 미칠 것이다.
가설 5: 펀 리더십 행동은 조직 구성원의 직무태도에 영향을 미칠 것이다.
가설 5-1: 펀 리더십 행동은 직무만족에 정(+)의 영향을 미칠 것이다.
가설 5-2: 펀 리더십 행동은 조직몰입에 정(+)의 영향을 미칠 것이다.
가설 5-3: 펀 리더십 행동은 이직의도에 부(-)의 영향을 미칠 것이다.

라. 직무스트레스와 직무태도의 관계

스트레스에 대한 반응이 강하거나 너무 빈번하게 일어나게 되어 개인이 이에 대한 적절한 출구를 찾아내지 못하게 될 때 개인은 역기능적인 스트레스 반응을 일으키게 된다.

그동안 직무스트레스에 관한 연구의 대부분은 직무태도 변수 중 직무만족과의 관련성에 초점을 맞추어 왔으며, 기존의 많은 연구들에서 직무스트레스와 직무만족 간에는 부(-)의 관계가 있다는 사실에 대부분 의견의 일치를 보이고 있다(고종욱·염영희, 2003; 심현아, 2006; 안대희·강미정, 2003). 즉 직무와 관련되어 발생하는 정신적 스트레스는 육체적·정신적 건강에 나쁜 영향을 미칠 뿐만 아니라 이것이 다시 직무만족에 부정적 영향을 미치기 때문에 직무만족을 증진시키기 위해서는 스트레스 수준을 감소시켜야 한다고 주장하고 있으며(심현아, 2006), Law et $al.$,(1995)도 일선 종사원의 스트레스는 직무만족에 나쁜 영향을 주어 결과적으로 고객에게 영향을 미치게 된다고 하였다. 직무스트레스와 조직몰입과의 관계에서도 대부분 부(-)의 관계가 있음을 제시하고 있는데(옥원호·김석용, 2001; Beehr & Bhaget, 1985; Parker & DeCotiis, 1983), 직무스트레스가 커지면 조직에 대한 충성심 혹은 조직몰입이 감소된다는 결과를 제시하고 있다.

직무스트레스와 이직의도의 관계에서도 많은 연구자들은 정(+)의 영향을 미친다고 제시하고 있다(김일채, 1998; Judge, 1993; Shin & Kim, 1994). 특히 Gibson et $al.$,(1985)은 직무스트레스로 인해 결근, 조직몰입과 충성도 감소, 생산성 저하, 소외감 발생 등의 역반응이 발생한다고 하였고, 천순덕(2005)은 심리적 상처와 신체적 약점으로 이어지는 스트레스는 결근으로 연결되고 심지어는 이직으로 이어질 수 있으며, 이직을 피할 수 있다고 하더라도 직무태만이나 대인기피로 인해 조직으로부터 소외되기 쉽다고 하였다. 즉 이직발생 요인은 직무스트레스 발생 요인과 유사한 관련성이 있다고 하였다.

따라서 선행연구 결과를 종합해 보면, 직무스트레스는 전반적으로 직무태도 변수 중 직무만족 및 조직몰입과 부(-)의 관계가 있고, 조직을 떠나고자 하는 이직의도에는 정(+)의 영향을 미치는 것으로 판단되어 본 연구에서는 다음과 같은 가설을 설정하였다.

가설 6: 직무스트레스는 조직 구성원의 직무태도에 영향을 미칠 것이다.
가설 6-1: 직무스트레스는 직무만족에 부(-)의 영향을 미칠 것이다.
가설 6-2: 직무스트레스는 조직몰입에 부(-)의 영향을 미칠 것이다.
가설 6-3: 직무스트레스는 이직의도에 정(+)의 영향을 미칠 것이다.

마. 직무태도 변수 간의 관계

많은 조직이론 연구가들은 조직의 효율성을 증대시키고 조직목표 달성에 순기능을 하는 직무태도 변수인 직무만족이나 조직몰입과 같은 긍정적인 변수들과 조직의 효율성을 저해하고 감소시키는 이직의도 등과 같은 부정적인 변수들에 대해 많은 관심은 가지고 연구해 왔으며, 이들 변수들 간에는 깊은 관계가 있음을 밝히고 있다(김일채, 1998; 김형섭, 2006; Brown & Peterson, 1993).

직무만족과 조직몰입의 관계를 살펴보면, 직무만족과 조직몰입은 같은 태도변수로서 이들 사이에는 직접적인 관계가 있음이 다양한 선행연구 결과에서 제시되고 있다. Aranya et al.,(1986)은 직무만족은 조직몰입에 유의한 정(+)의 상관관계가 있다고 하였고, Curry et al., (1986)은 조직몰입이 직무만족이라는 태도를 형성하게 되어 직무만족의 선행변수가 된다고 하였으며, Schumacker & Marcoulides(1998)는 직무만족과 조직몰입 변수는 유의적으로 높은 정(+)의 상관관계가 있다고 하였다.

또한 Porter & Steers(1974)는 직무만족과 이직 사이에는 항상 부(−)의 관계가 있다고 하였고, Mobley(1977)는 이직결정 모형에서 직무만족과 실제 이직 사이에 가능한 여러 단계의 중간과정을 제시함으로써 현 직무에 대한 평가가 이직의도에 영향을 미친다고 하였으며, 특히 Tett & Meyer(1993)는 직무만족이 이직의도를 줄이는 데 중요한 역할을 한다고 하였다.

한편 김형섭(2006)은 조직몰입은 직무만족보다 이직과 더 강한 상관 관련성을 가지고 있고 종업원과 조직과의 연계를 전체적이고 확고하게 평가할 수 있기 때문에 이직을 잘 설명하는 선행변수가 될 수 있다고 하였다. 그리고 Mathieu & Zajac(1990)은 조직이론 분야에서 이루어진 조직몰입에 대한 메타분석 결과, 조직 구성원의 이직의도를 가장 정확하게 예측할 수 있는 선행 요인은 조직 구성원들의 조직에 대한 몰입이라고 하였다. 즉 조직몰입은 이직의도와 부(−)의 관계가 있다고 하였고, Schwepker(2001)는 조직몰입은 이직의도와 부(−)의 관계가 있으며 조직몰입이 높은 구성원일수록 이직의도는 낮다고 하였다. 또한 Huselid & Daly(1991)는 조직몰입이 높은 종사원일수록 이직과 다른 직장을 찾거나 자신의 직장을 떠나려는 이직의도가 현저히 낮다고 하였다. 따라서 본 연구에서는 다음과 같은 가설을 설정하였다.

가설 7: 직무태도 변수 간에는 상호 영향을 미칠 것이다.
가설 7−1: 직무만족은 조직몰입에 정(+)의 영향을 미칠 것이다.
가설 7−2: 직무만족은 이직의도에 부(−)의 영향을 미칠 것이다.
가설 7−3: 조직몰입은 이직의도에 부(−)의 영향을 미칠 것이다.

바. 직무업종 형태의 조절효과

최근 국내의 주요 기업이나 기관에서는 펀 경영과 관련하여 즐겁고 재미있게 일할 수 있는 분위기를 조성하여 성과를 제고시키기 위한 다양한 시도를 하고 있으나, 직무업종 형태에 따라 펀 경영과 펀 리더십 행동이 직무스트레스와 직무태도에 미치는 영향에 어떠한 차이가 있는지에 대한 선행연구는 미흡한 실정이다.

그러나 조직의 구조적 특성, 직무 특성이나 역할이 하나의 구조적 차원에서 직무스트레스의 요인이 될 수 있고(서인덕·배성현·이규원, 1990), 직무스트레스나 직무태도는 개인 특성, 직무 및 조직 특성 등 각종 요인들에 따라 영향을 받을 수 있다(장영호, 2005). 그리고 김현성(2005)은 그의 연구에서 근무 및 고용형태에 따른 직무스트레스를 분석한 결과, 사무직이 현장직보다 직무스트레스 수준이 높고 비정규직이 정규직보다 직무스트레스 수준이 높다고 하였으며, 황정임(1997)은 주요 담당업무에 있어서 클라이언트에게 직접 서비스를 제공하는 업무를 담당하는 종업원이 기타 업무를 담당하는 종업원보다 직무스트레스 수준이 높다고 하였다.

또한 조직문화에 관한 연구에 의하면, 각기 다른 업종에 종사하는 사람들은 그 행위나 태도가 다르기 때문에 이들이 이루고 있는 조직 풍토나 분위기도 다를 것이라는 것이 일반적인 견해이다(박내희, 1990). 따라서 다음과 같은 가설을 설정하였다.

가설 8: 직무업종 형태에 따라 펀 경영이 직무스트레스와 직무태도에
　　　　미치는 영향은 차이가 있을 것이다.
가설 9: 직무업종 형태에 따라 펀 리더십 행동이 직무스트레스와 직무
　　　　태도에 미치는 영향은 차이가 있을 것이다.

3. 연구의 설계 및 분석방법

가. 변수의 조작적 정의 및 측정도구의 개발

　조작적 정의란 개념적 정의를 실제로 관찰가능한 현상과 연결하
여 구체화시킨 진술로써, 가설을 구성하고 있는 주요 개념을 실제
현상에서 측정가능하도록 관찰가능한 형태로 정의하는 과정을 말
한다(전미향, 2005; 채서일, 2006).

　본 연구에서 연구 모형의 각 변수에 대한 조작적 정의는 이론적
배경 등 선행연구를 토대로 정의하였으며 <표 1>에 제시되어 있
다. 여기서 직무스트레스와 직무태도는 기존 연구에서 이미 검증되
어 사용되었던 것을 본 연구 목적에 적합하도록 일부 수정·사용
하였다. 그러나 CEO의 펀 경영 및 리더의 펀 리더십 행동과 관련
된 사항은 아직까지 개발되거나 사용된 적이 없기 때문에 관련 문
헌 등을 참조하여 새롭게 정의하였다. 조작적 정의 및 측정 항목
에 대해 좀 더 자세하게 살펴보면 다음과 같다.

　첫째, 펀 경영은 펀 경영 활동으로 구성되어 있다. 펀 경영 활동은
오익재(2006), 진현(2006), 한광일(2007), 홍병철(2006), Leslie(2001)

등의 관련 연구를 바탕으로 조직 구성원이 자신의 일 자체와 조직에 대해 즐거움과 재미를 느끼도록 배려하여 조직분위기를 활성화시키는 CEO의 활동으로 정의하고, 측정 항목은 총 10개의 항목을 개발하였다.

둘째, 리더의 펀 리더십 행동은 웃음, 유머, 칭찬으로 구성되어 있다. 웃음은 김영선(2005), 류종훈(2005), 박옥순(2004), 이요셉(2005), 정선미(2004), Weisfeld(1993) 등의 관련 연구를 바탕으로 마음의 기쁨과 즐거움, 행복이 밖으로 표출되는 신체적 감정상태로 정의하고 총 10개 측정 항목을 개발하였다. 유머는 박옥순(2004), 이종남·전미향(2006), 황명숙(1991), Martin & Lefcourt(1986) 등의 관련 연구를 바탕으로 타인에 대한 호의와 친절의 발로로써 타인을 웃기거나 즐겁게 하는 말이나 행동으로 정의하고 측정 항목은 총 9개의 항목을 개발하였다. 그리고 칭찬은 김광림(2005), 김원중(1999), 유천근(1969), 이재명(2001), Homes(1988) 등의 관련 연구를 바탕으로 생활의 즐거움과 긍정적인 자아상을 심어 주기 위해 바람직한 행동이나 장점을 찾아 강화해 주기 위한 의도적인 언어와 행동, 태도로 정의하고 총 6개의 측정 항목을 개발하였다.

셋째, 직무스트레스는 박희태(2003), 장영호(2005), Davidson & Cooper (1982), French et al.,(1974) 등의 관련 연구를 바탕으로 개인의 기술과 능력이 직무 과정에서 부적합하고 조직에서 제공한 직무 환경과 개인의 욕구가 부적합한 상태로 정의하고, 총 8개의 측정 항목으로 구성하였다.

넷째, 직무태도는 직무만족과 조직몰입, 이직의도로 구성되어 있다. 직무만족은 구연원(2005), Locke(1976), Quinn & Staines(1977)

등의 관련 연구를 바탕으로 자신의 직무 또는 직무를 통해서 얻은 경험을 평가한 결과로부터 얻게 되는 유쾌하고 긍정적인 정서상태로 정의하고 총 6개의 측정 항목으로 구성하였으며, 조직몰입은 Porter & Smith (1970), Steers(1977) 등의 관련 연구를 바탕으로 조직에 대한 애착과 조직에서 능동적으로 행동하려고 하는 정도로 정의하고 총 4개의 측정 항목으로 구성하였다. 그리고 이직의도는 Iverson(1992), Mobley (1982) 등의 관련 연구를 바탕으로 종사원이 조직의 구성원이기를 포기하고 현 직장을 떠나려고 의도하는 정도로 정의하고, 총 5개의 측정 항목으로 구성하였다.

나. 예비조사

본 연구에서는 최종 설문조사를 실시하기 전에 두 번의 예비조사를 실시하였다. 첫 번째 조사는 선행연구를 통해 설정된 연구 모형과 잠정적으로 작성된 설문 항목에 대해 내용 타당성[18] (content validity)을 검토하기 위해 경영과 리더십 전문가 8명과의 면접조사를 통해 설정된 연구 모형이 펀 경영과 펀 리더십 행동을 연구하기에 적절하다는 결론을 내렸다. 그리고 나서 선행연구, 기존 문헌, 면접조사를 통해 얻어진 의견 등을 바탕으로 7점 리커트 척도의 측정도구를 개발하였다.

---

18) 내용 타당성은 타당성 평가방법의 하나로 측정도구 자체가 측정하고자 하는 속성이나 개념을 얼마나 대표할 수 있는지를 평가하는 것이다. 즉 측정도구가 측정대상이 가지고 있는 많은 속성들 중 일부를 대표성 있게 포함하고 있으면 그 측정도구는 내용 타당성이 높다고 할 수 있다(채서일, 2006).

<표 1> 변수의 조작적 정의

변수		조작적 정의	측정 항목 및 설문지 구성		관련 연구
펀 경 영	펀 경 영 활 동	조직 구성원이 자신의 일 자체와 조직에 대해 즐거움과 재미를 느끼도록 배려하고 조직 분위기를 활성화시키는 CEO의 활동	펀과 관련된 각종 행사와 제도 조직분위기 활성화 정도 직원 및 직원 가족 존중 정도 의사소통의 활성화 정도 유머, 웃음, 칭찬문화 정착 정도 조직의 미래 비전 제시 및 공유 직원에 대한 투자 정도	I. 1-10 (10)	오익재(2006) 진 현(2006) 한광일(2007) 홍병철(2006) Leslie(2001)
펀 리 더 십 행 동	웃 음	마음의 기쁨과 즐거움, 행복이 밖으로 표출되는 신체적 감정 상태	출퇴근, 대화 시 웃는 정도 자신이나 상대방, 낯선 사람에게 웃음을 보내는 정도 웃음으로 타인의 기분, 부하실수, 조직 분위기를 바꾸려는 정도 얼굴 표정과 감사표현 정도 웃음 리더가 되기 위한 노력 정도	II. 1-10 (10)	김영선(2005) 류종훈(2005) 박옥순(2004) 이요셉(2005) 정선미(2004) Weisfeld (1993)
	유 머	타인에 대한 호의와 친절의 발로로서 타인을 웃기거나 즐겁게 하는 말이나 행동	직원이나 조직을 즐겁게 하려고 노력하는 말, 행동 정도 재미있는 유머 준비 유무 자신이나 직원의 실수를 유머를 써서 넘기는 정도 유머 작성 능력 정도 유머 리더가 되기 위한 노력 정도	II. 11-19 (9)	박옥순(2004) 이종남·전 미향(2006) 황명숙(1991) Martin & Lefcourt (1986)
	칭 찬	바람직한 행동이나 장점들을 찾아 강화해 주기 위한 의도적인 언어와 행동, 태도	직원이 잘 했을 때 악수나 박수, 어깨 두드림, 상품 등 수여 정도 주변 사람들에 대한 칭찬 정도 다른 사람들 앞에서 직원들의 칭찬 정도	II. 20-25 (6)	김광림(2005) 김원중(1999) 유천근(1969) 이재명(2001) Homes(1988)
직무 스트 레스		개인의 기술과 능력이 직무과정에서 부적합하고 조직에서 제공한 직무 환경과 개인의 욕구가 부적합한 상태	일과 관련하여 걱정, 늦잠 및 소화 장애 정도 심리적 압박감을 느낀 정도 일로 인해 짜증을 낸 정도 뒷목이 뻣뻣하거나 어깨가 무겁고 두통을 느낀 정도	III. 1-8 (8)	박희태(2003) 장영호(2005) Davidson & Cooper(1982) French et al., (1974),
직 무 태 도	직 무 만 족	자신의 직무 또는 직무를 통해서 얻은 경험을 평가한 결과로부터 얻게 되는 유쾌하고 긍정적인 정서 상태	직무에 대한 보람 정도 직무에 대한 자부심 정도 자신의 능력 발휘 정도 직무의 적합 정도 직무의 자기계발 기여 정도 직무에 대한 만족 정도	IV. 1-6 (6)	구연원(2005) Locke(1976) Quinn & Staines(1977)

변수		조작적 정의	측정 항목 및 설문지 구성		관련 연구
직무태도	조직몰입	조직에 대한 애착과 조직에서 능동적으로 행동하려고 하는 정도	직장에 대한 주인의식 정도 직장에 대한 동일시 정도 직장에 대한 애착 정도 조직발전을 위한 노력 정도	Ⅳ. 7 - 10 (4)	Porter & Smith(1970) Steers(1977)
	이직의도	종사원이 조직의 구성원이기를 포기하고 현 직장을 떠나려고 의도하는 정도	현 직장에 대한 이직의도 정도 근무여건 악화 시 이직의도 현 직장에 대한 희망 정도 현 직장에 대한 만족 정도 타 직장의 구직 정도	Ⅳ. 11 - 15 (5)	Iverson(1992) Mobley(1982)

두 번째는 설문조사를 위한 측정 항목을 확정하기 위해 측정도구의 내적 타당성[19]과 내적 일관성[20]을 조사하였다. 이를 위해 펀경영을 도입하여 추진하고 있는 기업의 직장인 80명을 대상으로 예비조사(pilot test)를 실시하였다(Straub, 1989). 먼저 수집된 자료의 내적 타당성을 분석하기 위해 측정 항목에 대해 이쿼멕스(equimax) 회전방식을 이용한 요인분석[21](factor analysis)을 실시하였다. 요인분석 결과, 요인 적재치(factor loading)가 0.5보다 작은 항목은 제거하였다(Joseph *et al.*, 1979). 즉 펀 경영 활동과 관련된 4개 항목, 유머와 관련된 1개 항목, 칭찬과 관련된 4개 항목, 직무만족과 관련된 1개 항목, 조직몰입과 관련된 2개 항목, 이직의도와

---

19) 내적 타당성(internal validity)은 측정된 결과가 과연 실험변수의 변화 때문에 일어난 것인가에 관한 문제이다. 만약 독립변수 이외의 다른 외생변수들이 종속변수의 변화에 의미있는 영향을 미쳤다면 이 실험은 내적 타당성이 높다고 할 수 없을 것이다(채서일, 2006).

20) 내적 일관성(internal consistency)은 신뢰도 측정방법의 하나로 동일한 개념을 측정하기 위해 여러 개의 항목을 이용할 경우 Cronbach's α 계수를 이용하여 신뢰도를 저해하는 항목을 측정도구에서 제외시킴으로써 각 항목들의 내적 일관성을 높이는 방법이다(채서일, 2006).

21) 요인분석은 다수 변수들 간의 관계(상관관계)를 분석하여 변수들의 바탕을 이루는 공통차원들(common underlying dimensions)을 통해 이 변수들을 설명하는 통계기법이다(이학식 · 임지훈, 2006).

관련된 1개 항목은 요인 적재치가 0.5보다 작아서 제외시켰다. 이들 항목이 제거된 원인은 측정 항목이 모호하여 응답하기 어려웠거나 다른 측정 항목과 유사한 개념으로 인식되었기 때문으로 생각된다. 또한 측정도구의 내적 일관성을 측정하기 위해 Cronbach's α 계수를 사용하였으며, 8개 변수에 대한 값이 모두 0.7 이상으로 나타났다(Nunnally, 1967). 이와 같은 예비조사를 거쳐서 최종 설문지를 확정하였다.

다. 자료수집 및 표본 특성

설문조사를 위해 먼저 사기업과 공공기관 등을 대상으로 펀 경영 여부에 대한 전화 및 인터넷 조사를 실시하였다. 이어서 펀 경영 시스템을 구축하고 적극적으로 펀 경영을 추진하는 기업과 공공기관 등을 포함하여 주로 서울에서 근무하는 직장인을 대상으로 성별, 연령, 신분, 계약형태, 직급, 근속연수, 월 평균소득 등 인구통계학적 특성과 직무업종 형태를 고려하여 설문조사를 실시하였다. 특히 직무업종 형태에 따른 조절효과를 분석하기 위해 고객과의 접촉정도와 근무방법 등을 고려하여 크게 서비스금융업, IT제조건설업, 정부/공공기관으로 구분하여 조사하였다. 서비스금융업은 호텔, 백화점, 은행, 병원, 보험회사, 요식업종 등을 대상으로 조사하였고, IT제조건설업은 전자, 반도체, 네트워크, 자동차, 건설 관련 회사 등을 대상으로 조사하였으며, 정부/공공기관은 주로 정부 산하기관 등을 대상으로 조사하였다. 설문지는 2006년 12월 5일부터 12월 28일까지 약 3주에 걸쳐 총 800부를 배부하여 이중

731부를 회수하였고, 이중 분석에 사용할 수 없는 설문지 56부를 제외한 675부를 실제 분석에 사용하였다.

설문지 배포 및 회수 현황은 <표 2>와 같으며, 조사는 직접 방문, 우편, 이메일 등의 방법을 이용하였다.

〈표 2〉 설문지 배포 및 회수 현황

배부	회수	회수율(%)	폐기	유효	유효율(%)
800	731	91	56	675	84

표본의 일반적인 특성은 <표 3>에 제시되어 있다. 표본의 일반적인 특성을 분석해 보면, 실증분석에 사용된 응답자의 수는 675명이고, 표본의 성별 분포는 남자가 403명으로 전체의 59.7%, 여자가 272명으로 전체의 40.3%로서 남자가 여자보다 많이 분포되어 있다. 이는 현재 직장인들이 남자가 여자보다 많기 때문에 고르게 분포되도록 조사하는 데 어려움이 있었다. 표본의 연령 분포는 30세 미만이 21%, 40세 미만이 42.8%, 50세 미만이 29.9%, 50세 이상이 6.3%의 분포를 보였으며, 여기서 40세 미만이 전체의 63.8%로서 본 연구의 주요 연령층이라고 할 수 있는 젊은 신세대가 많이 분포되어 있어 선정된 표본으로 본 연구를 검증하는 데 문제가 없을 것으로 생각된다. 또한 신분 분포는 회사 직원이 전체의 83.1%를 차지하였고, 계약형태는 정규직이 전체의 80.6%를 차지하였으며, 직급에서는 사원이 전체의 55.2%로서 가장 많이 분포되어 있다. 근속연수는 10년 이상이 42.2%로서 가장 많이 분포되어 있고 월 평균소득은 300만 원 미만이 31.0%로서 가장 많이

분포되어 있다. 직무업종 형태별로는 서비스금융업이 276명으로 전체의 41.0%, IT제조건설업이 228명으로 전체의 34.0%, 정부/공공기관이 171명으로 전체의 25.0%를 차지하고 있다.

<표 3> 표본의 일반적인 특징

항목	구 분	빈 도 (N=675)	비율 (%)	항목	구 분	빈 도 (N=675)	비율 (%)
성별	남자	403	59.7	근속 연수	1년 미만	56	8.3
	여자	272	40.3		3년 미만	116	17.2
연령	30세 미만	142	21.0		5년 미만	86	12.7
	40세 미만	289	42.8		7년 미만	54	8.0
	50세 미만	202	29.9		10년 미만	78	11.6
	50세 이상	42	6.3		10년 이상	285	42.2
신분	회사 직원	561	83.1	월 평균 소득	100만 원 미만	25	3.7
	공무원	114	16.9		200만 원 미만	176	26.1
계약 형태	정규직	544	80.6		300만 원 미만	209	31.0
	비정규직	131	19.4		500만 원 미만	204	30.2
					500만 원 이상	61	9.0
직급	사원	373	55.2	직무 업종	서비스금융업	276	41.0
	계장급	159	23.6		IT제조건설업	228	34.0
	과장급 이상	143	21.2		정부/공공기관	171	25.0

라. 연구 분석방법

본 연구에서는 연구의 목적을 달성하기 위해 수집된 설문자료를 분석하고 가설을 검증하기 위해 SPSS 12.0 통계처리프로그램과 구조방정식 모델인 AMOS를 이용하여 결과를 검증하였다.

먼저, 측정도구의 신뢰성을 검토하기 위해 SPSS 12.0을 이용하여 Cronbach's α값을 측정하여 이를 확인하였으며, 신뢰성 검토를 바탕으로 측정도구의 타당성을 검토하기 위해 SPSS 12.0과 AMOS를 이용하여 탐색적 요인분석과 확인적 요인분석, 판별 타당성 분석을 실시하였다.

그리고 측정도구의 신뢰성과 타당성을 검토한 후 설정된 가설을
검증하기 위한 모형의 적합성 검토와 가설 검증은 AMOS를 이용
하여 분석 및 검증하였다.

 Ⅳ. 자료 분석 및 가설 검증

본 장은 연구의 목적을 달성하기 위해 수집된 설문자료를 분석하고 설정된 가설을 검증하는 부분으로, 먼저 기술통계량 분석을 실시하고 측정도구의 신뢰도와 타당성을 검토하였다. 이어 구조방정식 모델인 AMOS를 이용하여 연구 모형의 적합도를 검토한 후 최종적으로 선정된 연구 모형을 토대로 설정된 가설을 검증하였다.

1. 기술통계량 분석

먼저, 자료들의 특성 파악과 보다 정교한 통계적 분석을 위하여 기술통계량 분석을 실시하였다. 기술통계량 분석은 각 변수의 평균과 표준 편차를 나타냄으로써 평균을 통해 응답자들이 인식하는 각 변수의 중요성을 알 수 있으며, 표준 편차를 통해 응답의 분포, 즉 응답자들이 중요하다고 느끼는 정도의 차이를 알 수 있다. 리커트형 7점 척도를 사용한 변수에 대한 기술통계량 분석결과는 <표 4>와 같다.

<표 4>에 제시된 바와 같이 펀 경영의 측정 변수인 펀 경영 활동 정도는 평균 점수 이상으로 나타났고 리더의 펀 리더십 행동 중 유머는 웃음이나 칭찬보다 점수가 낮게 나타났다. 직무태도 변수인 직무만족과 조직몰입은 평균 점수보다 높게 나타났고 이직의

도는 평균 점수보다 낮게 나타났다. 그리고 표준편차에 있어서 분포 범위가 작은 것으로 보아 조직 구성원들이 지각하는 변수에 대한 정도의 차이는 크지 않음을 알 수 있다.

〈표 4〉 변수의 기술통계량 분석

변수	펀 경영	펀 리더십 행동			직무 스트레스	직무태도		
	펀 경영 활동	웃음	유머	칭찬		직무 만족	조직 몰입	이직 의도
평균	4.4043	4.379	3.848	4.017	4.219	4.867	4.769	3.209
표준편차	1.148	1.094	1.099	1.270	1.239	1.105	1.207	1.236

2. 측정도구의 신뢰성 및 타당성 검토

본 연구에서는 펀 경영과 펀 리더십 행동에 대한 측정 항목을 개발하여 사용하였고, 기타 변수들에 대한 측정 항목도 본 연구 목적에 적합하게 일부 수정・사용하여 가설 검증에 앞서 먼저 측정도구의 신뢰성을 검토하고, 이를 토대로 탐색적 요인분석과 확인적 요인분석, 판별 타당성 분석 등을 통해 타당성을 검토하였다.

가. 신뢰성 검토

신뢰성(reliability)[22]은 동일한 개념에 대해 반복적으로 측정했을

---

22) 척도의 신뢰성을 평가하는 방법에는 내적 일관성, 반복측정 신뢰성, 대안항목 신뢰성 등이 있는데, 이중 가장 많이 사용되는 방법은 내적 일관성에 의한 방법이다(이학식・임지훈, 2006).

때 동일한 측정값을 얻을 가능성을 말한다. 즉 한 대상을 유사한 측정도구로 여러 번 측정하거나 한 가지 측정도구로 반복 측정하였을 때 일관성 있는 결과를 산출하는 정도와 관련된다(이학식·임지훈, 2006). 따라서 신뢰성은 각 항목의 측정 결과가 일관성을 유지하는가의 여부를 확인하기 위한 목적으로 이용되며, 일관성 있는 결과가 산출될 수록 그 척도의 신뢰성은 높다고 할 수 있다.

본 연구에서는 같은 요인을 구성하는 항목 간의 내적 일관성을 평가하는 Cronbach's α 계수를 이용하여 측정도구의 신뢰도를 검증하였으며, 일반적으로 Cronbach's α 계수는 0.7 이상의 수치가 나타나야 한다(Nunnally, 1967). 신뢰도의 검증 결과는 <표 5>에서와 같이 각 구성 개념들에 대한 Cronbach's α 계수가 .8596에서부터 .9443까지 분포되어 있어 신뢰도는 만족할 만한 수준으로 나타났다.

<표 5> 신뢰성 분석결과

변 수	펀 경영	펀 리더십 행동			직무 스트 레스	직무태도		
	펀 경영 활동	웃음	유머	칭찬		직무 만족	조직 몰입	이직 의도
항목 수	10	10	9	6	8	6	4	5
Cronbach's α	.9443	.9308	.9308	.9150	.8961	.9250	.9137	.8596

나. 타당성 검토

타당성[23](validity)은 측정하고자 하는 개념이나 속성을 정확히

───────────

23) 타당성은 평가방법에 따라 내용 타당성, 기준에 의한 타당성, 개념 타당성으로 나눌 수 있다. 내용 타당성은 측정도구의 대표성에 관한 개념이고, 기준에 의한 타당성은

측정하였는가를 나타내는 개념이다(이학식·임지훈, 2006). 즉 특정한 개념이나 속성을 측정하기 위하여 개발된 측정도구가 얼마나 해당 속성을 정확히 반영하고 있는가 하는 문제와 관련된다. 본 연구에서는 펀 경영과 펀 리더십 행동 변수에 대한 측정도구를 개발하여 사용하였으므로 탐색적 요인분석과 확인적 요인분석, 판별타당성 분석을 통해 타당성을 전반적으로 검토하였다.

a. 탐색적 요인분석

탐색적 요인분석(exploratory factor analysis)은 연구 모형에 대한 아무런 기존의 이론적인 구성이나 사전적인 지식이 없는 상태에서 연구의 방향을 파악하기 위해 개념이나 요인을 추출해 내는 분석 방법으로서(김계수, 2007), 본 연구에서는 먼저 연구 모형의 구성 개념을 측정하는 측정 항목들이 통계적으로 같은 요인으로 묶이는지를 확인하기 위해 측정 항목에 대해 탐색적 요인분석을 실시하였다. 요인 추출방법[24]은 주성분 분석(principle component analysis)을 실시하였고 요인 회전방법[25]은 이쿼멕스(equimax) 방식을 이용하였다. 이때 평가기준으로는 고유값[26](eigenvalue)이 1.0 이상인 요인들이 선정되

특정 변수 간의 통계적인 관계를 규명하는 것이며, 개념 타당성은 심리학적 특성의 측정과 관련된 개념으로 측정 자체의 정확성과 관련된 개념이다(채서일, 2006).

24) 요인 추출방법에는 주성분 분석과 공통요인 분석의 두 가지가 있는데, 주성분 분석이 보다 널리 이용된다. 주성분 분석은 원래의 변수들의 분산 중 가급적 많은 부분을 설명하는 소수의 요인을 추출하는 데 목적이 있다(이학식·임지훈, 2006).

25) 요인 회전방법은 직각요인회전 방법과 사각요인회전 방법이 있다. 직각요인회전 방법에는 베리멕스, 쿼티멕스, 이쿼멕스가 있고, 사각요인회전 방법에는 오블리민, 프로멕스가 있다(이학식·임지훈, 2006).

26) eigenvalue는 한 요인의 설명력을 나타내는데, 한 요인에 대한 '요인 적재값의 제곱의

도록 하였고, 요인 적재치(factor loading)가 0.5 이상이면 매우 유의한 것으로 간주하였다(Joseph *et al.*, 1979). 따라서 요인 중에서 동일 항목으로 분류되지 않거나 요인 적재치가 0.5 미만인 항목을 제거하는 기준으로 요인분석을 실시하였다.

펀 경영과 펀 리더십 행동의 측정항목에 대한 탐색적 요인분석 결과는 <표 6>에, 직무스트레스와 직무태도의 측정항목에 대한 탐색적 요인분석 결과는 <표 7>에 제시되어 있다. <표 6, 7>에서와 같이 각 요인들의 고유값이 모두 1.0 이상이고 요인 적재치도 0.5 이상으로 나타나 측정하는 각각의 항목들이 해당 개념을 적절하게 측정하고 있음이 입증되어 구성 개념들의 수렴 타당도가 확보되었음을 보여 주고 있다.

합'을 가리킨다. 그러므로 eigenvalue가 크다는 것은 그 요인이 변수들의 분산을 잘 설명한다는 것을 의미한다. eigenvalue를 기준으로 할 때는 보통 eigenvalue 1 이상을 갖는 요인의 수만큼 추출한다(이학식 · 임지훈, 2006).

<표 6> 펀 경영과 펀 리더십 행동의 탐색적 요인분석 결과

변수		측정항목	요인1	요인2	요인3	요인4
펀 경영	펀 경영 활동	펀 활동3	.842	.078	.122	.081
		펀 활동10	.829	.061	.187	.111
		펀 활동4	.825	.102	.063	.124
		펀 활동9	.822	.023	.103	.081
		펀 활동6	.808	.122	.098	.643
		펀 활동1	.808	.104	.159	.143
		펀 활동7	.789	.104	.159	.113
		펀 활동8	.779	.099	.063	.154
		펀 활동2	.750	.175	.088	.128
		펀 활동5	.707	.032	.046	.163
펀 리더십 행동	웃음	웃음2	.134	.771	.199	.202
		웃음1	.140	.760	.172	.223
		웃음4	.074	.751	.275	.184
		웃음10	.117	.721	.370	.269
		웃음5	.142	.715	.364	.228
		웃음9	.078	.668	.365	.224
		웃음3	.094	.655	.246	.203
		웃음7	.106	.623	.280	.382
		웃음6	.075	.619	.164	.217
		웃음8	.103	.602	.296	.172
	유머	유머17	.110	.254	.782	.232
		유머14	.125	.309	.775	.226
		유머13	.171	.133	.755	.217
		유머18	.141	.380	.739	.230
		유머15	.120	.127	.723	.254
		유머19	.043	.268	.708	.176
		유머16	.093	.318	.662	.231
		유머12	.083	.430	.656	.205
		유머11	.107	.247	.595	.179
	칭찬	칭찬22	.113	.185	.223	.825
		칭찬23	.145	.211	.188	.824
		칭찬20	.108	.167	.196	.771
		칭찬24	.140	.297	.166	.763
		칭찬21	.227	.088	.223	.729
		칭찬25	.144	.398	.255	.656
고유치 설명분산(%)			6.719 19.198	6.039 17.254	5.759 16.454	4.665 13.329

〈표 7〉 직무스트레스와 직무태도의 탐색적 요인분석 결과

변수		측정항목	요인1	요인2	요인3	요인4
직무 스트레스		스트레스6	.852	−.070	.207	.040
		스트레스4	.783	−.062	.173	.006
		스트레스8	.768	.087	.240	.171
		스트레스7	.750	−.150	.232	−.025
		스트레스5	.749	−.038	.197	−.019
		스트레스3	.742	−.044	−.115	−.337
		스트레스2	.704	.025	−.182	−.304
		스트레스1	.638	−.002	−.112	−.391
직 무 태 도	직무 만족	만족3	−.041	.824	−.107	.230
		만족5	−.082	.820	−.177	.203
		만족2	−.072	.801	−.246	.200
		만족4	.032	.800	−.159	.235
		만족6	−.105	.743	−.325	.254
		만족1	−.112	.734	−.281	.292
	이직 의도	이직12	.122	−.135	.774	−.209
		이직13	.064	−.230	.722	−.283
		이직11	.252	−.207	.671	−.279
		이직15	.015	−.189	.667	−.306
		이직14	.105	−.207	.635	−.193
	조직 몰입	몰입9	−.051	.368	−.393	.689
		몰입10	−.047	.340	−.397	.686
		몰입8	−.113	.296	−.398	.685
		몰입7	.022	.322	−.323	.664
고유치 설명분산(%)			8.818 38.337	4.068 17.686	1.653 7.187	1.100 4.782

b. 확인적 요인분석

확인적 요인분석(confirmatory factor analysis)[27]은 연구 변수에 관한 사전 지식이나 이론적 결과를 가지고 그 내용을 가설 형식으로 모형화하기 위하여 분석하는 방법으로 단일 차원성을 저해하는 요인계수의 점수가 낮은 변수를 제거하는 데 목적이 있다(김계수, 2007). 본 연구에서 단일 차원성 검토는 요인 적재치의 통계적 유의성(t>2.00)을 고려하여 판단하였다(김기문·이호근·김경규, 2005). 확인적 요인분석 결과, <표 8>에서와 같이 각 측정 항목들과 구성개념을 연결하는 요인 적재치의 최소 t값이 2.00 이상으로 통계적으로 유의한 것으로 나타나 단일 차원성이 확보되었다(Bagozzi & Yi, 1998).

또한 각 구성개념에 대한 적합도 지수는 전반적인 적합도를 나타내는 x^2과 자유도(df), GFI, AGFI, RMR, RMSEA, NFI를 고려하여 판단하였다. 적합도 지수의 평가 기준은 x^2/df로 나눈 값이 3보다 작으면 바람직하고, GFI와 AGFI 값은 0.9 이상, RMR과 RMSEA 값은 0.05 이하, NFI 값은 0.9 이상이면 양호한 것으로 판단할 수 있다(김계수, 2007). <표 8>에서와 같이 각 구성개념별 적합도는 x^2/df로 나눈 값이 편 경영, 직무만족, 이직의도는 3보다 다소 크지만, 기타 적합도 지수값을 살펴보면 전반적으로 모형의

---

27) 요인분석(factor analysis)은 연구분석 목적에 따라 탐색적 요인분석과 확인적 요인분석으로 나뉜다. 탐색적 요인분석은 이론상으로 체계화되거나 정립되지 않은 연구에서 연구의 방향을 파악하기 위한 탐색적인 목적을 가진 분석방법을 의미한다. 반면에, 확인적 요인분석은 이론적인 배경 하에서 변수들 간의 관계를 미리 설정해 놓은 상태에서 요인분석을 하는 경우를 말한다. 즉 확인적 요인분석은 연구자의 지식에 근거하여 내재된 요인 차원 및 가설을 확인하는 수단으로 사용되는 경우를 말한다(김계수, 2006).

적합도는 만족스러운 것으로 나타났다. 따라서 각 요인에 묶인 측정 항목들은 그 구성개념을 잘 나타낸다고 할 수 있다.

〈표 8〉 확인적 요인분석 결과

개념(요인)	측정 항목	표준화 적재치	최소 t값	모형의 적합도						
				x^2	df	GFI	AGFI	RMR	RMSEA	NFI
펀 경영	10	0.80	19.12	72.83	23	0.97	0.95	0.04	0.06	0.98
펀 리더십 행동	25	0.68	15.58	53.81	18	0.96	0.95	0.04	0.05	0.96
직무스트레스	8	0.71	14.78	27.15	14	0.99	0.97	0.04	0.04	0.99
직무만족	6	0.92	24.70	32.30	9	0.98	0.95	0.03	0.06	0.98
조직몰입	4	0.98	22.97	7.04	3	0.99	0.95	0.02	0.07	0.98
이직의도	5	0.86	16.56	16.25	5	0.99	0.97	0.04	0.05	0.97

c. 판별 타당성 분석

판별 타당성(discriminant validity)은 상이한 구성개념 간에는 측정결과에 있어서 상이한 차이가 나타나야 한다는 것으로, 이는 상이한 구성개념 간의 상관관계로 평가한다(이상훈·이호근·김기문, 2005). 이론적으로 상이한 구성개념 간에 상관관계가 없다면 수집된 데이터도 각 구성개념 간에 상관관계가 없어야 한다.

본 연구에서는 평균분산추출값(AVE)의 제곱근($\sqrt{AVE}$)이 구성개념 간 상관계수 값의 상회여부를 검토하여 판별 타당성을 판단하였다. 이는 평균분산추출값의 제곱근이 구성개념 간 상관계수 값을 초과할 때 판별 타당성이 있다고 보기 때문이다(Fornell & Larker, 1981). 판별 타당성 분석결과, <표 9>에서와 같이 평균분산추출값의 제곱근이 구성개념 간 상관계수 값을 모두 초과하고 있으며,

따라서 각 구성개념들 간의 판별 타당성이 확보되었다.

또한 <표 9>에서 각 요인들 간의 상관관계[28]는 가설에서 설정한 방향과 동일한 방향으로 나타났다. 즉 편 경영은 편 리더십 행동, 직무만족과 조직몰입에 정(+)의 방향으로 유의한 상관관계가 있고 직무스트레스와 이직의도에 부(-)의 방향으로 유의한 상관관계가 있다. 편 리더십 행동은 직무스트레스와 이직의도에 부(-)의 방향으로 상관관계가 있고 직무만족과 조직몰입에 정(+)의 방향으로 유의한 상관관계가 있는 것으로 나타났다. 또한 직무스트레스는 직무만족과 조직몰입에 부(-)의 방향으로, 이직의도에는 정(+)의 방향으로 유의한 상관관계가 있는 것으로 나타났다. 그리고 직무태도 변수 간의 상관관계는 직무만족은 조직몰입에 정(+)의 방향으로, 이직의도에는 부(-)의 방향으로 유의한 상관관계가 있으며, 조직몰입은 이직의도에 부(-)의 방향으로 유의한 상관관계가 있는 것으로 나타났다.

〈표 9〉 판별 타당성 및 상관관계 분석결과

개념(요인)	$\sqrt{AVE}$	편 경영	편 리더십 행동	직무 스트레스	직무 만족	조직 몰입	이직 의도
편 경영	0.74	1					
편 리더십 행동	0.71	.376**	1				
직무스트레스	0.69	-.198**	-.072	1			
직무만족	0.75	.465**	.264**	-.227**	1		
조직몰입	0.74	.546**	.186**	-.232**	.652**	1	
이직의도	0.69	-.406**	-.175**	.294**	-.568**	-.654**	1

주) **: P<0.05

---

28) 상관관계 분석은 연구하고자 하는 변수들 간의 관련성을 분석하기 위해서 사용된다. 즉 하나의 변수가 다른 변수와 관련성이 있는지 여부와 관련성이 있다면 어느 정도의 관련성을 보유하고 있는지를 알아보고자 할 때 사용하는 분석방법이다(채서일, 2006).

3. 연구가설의 검증

가. 연구 모형의 적합성 검증

본 연구에서는 가설 검증에 앞서 연구 모형의 적합성을 검증하였다. 연구 모형의 적합성 검증은 AMOS[29]를 이용한 구조방정식 모델[30](SEM: structural equation modeling) 분석결과를 토대로 하였다. 이때 모형의 적합성에 대한 평가 기준은 확인적 요인분석에서와 같이 전반적인 모형의 적합도를 나타내는 x^2과 자유도(df), p값, GFI, AGFI, RMR, RMSEA, NFI 값 등을 고려하였다.

연구 모형의 적합성 지수는 <표 10>에 제시되어 있다. <표 10>에서와 같이 최초 연구 모형을 분석한 결과, x^2/df로 나눈 값이 3보다 크고 p값도 0.05 이하이며, 기타 적합도 지수도 최적의 연구 모형으로는 만족스럽지 못하였다. 따라서 모형의 적합도를 향상시키기 위해 AMOS를 이용한 분석결과, 결과물에서 나타난 수정 지수[31]를 고려하여 수정하였다(MacCallum *et al.*, 1992). 즉 AMOS 분

---

29) AMOS(analysis of moment structure)는 시각적으로 구조방정식 모델을 쉽게 해결할 수 있게 해 주는 프로그램이다. AMOS 패키지는 그림 도구상자를 이용해서 연구자가 구상하고 있는 모형을 그릴 수 있고 이론적인 배경을 통해서 수정가능토록 해 준다(김계수, 2006).

30) 구조방정식 모델은 측정 모형(measurement model)과 이론 모형(structural model)을 통해서 모형 간의 인과관계를 파악하는 방정식 모델을 의미하며, 최근 사회과학 분야 및 응용통계 분야에서 많이 이용되고 있다. 구조방정식 모델은 공분산 구조방정식(covariance structural modeling)이라고도 한다. 공분산 구조방정식은 구성개념 간의 이론적인 인과관계와 상관성의 측정지표를 통한 경험적 인과관계를 분석할 수 있도록 개발된 통계기법을 말한다(김계수, 2006).

31) 수정지수(MI: modification indices)는 연구 모형의 적합도를 높일 수 있는 가능성을 제시해 주는 지수를 말한다(김계수, 2006).

석결과 변수들 간에 설명되지 못한 부분이 남아 있다고 판단되는 오차항 간에 공분산을 허용하여 모형을 수정하였다(김계수, 2006; 조현철, 2003). 수정된 연구 모형의 적합도는 x^2/df로 나눈 값이 3보다 작고 p값도 0.05 이상이며, 기타 적합성의 지수값도 기준치 수준 이상으로 연구 모형으로는 만족스러운 것으로 나타났다. 여기서 Bentler & Bonett(1980)의 카이자승 차이검증을 통해 수정모형의 적합성 여부를 판단하였다. 최초 연구 모형과 수정 모형의 카이자승 차이는 223.768(262.248 − 38.480)이 df 4(17 − 13)에 비하여 커 수정 모형을 최종 모형으로 선정하였다(김계수, 2006).

〈표 10〉 연구 모형의 적합성 지수

모형	x^2	df	P	GFI	AGFI	RMR	RMSEA	NFI
최초 연구 모형	262.248	17	0.000	0.691	0.421	0.123	0.239	0.898
수정 모형	38.480	13	0.854	0.976	0.977	0.004	0.006	0.989

나. 가설 검증

본 연구에서는 변수들 간의 유기적인 인과관계를 살펴보기 위해 개별 가설을 각각 검증하는 대신에 전체적인 구조 모형을 기초로 종합적으로 검정하는 방법을 선택하였으며, 이를 위해 변수 간의 인과관계를 파악할 수 있도록 개발된 구조방정식 기법을 사용하였다. 가설 검증은 AMOS 5를 활용하여 분석하였고 가설화된 모형은 경로별 파라미터 추정을 위해 최대우도추정치[32]를 사용하여 검증

---

32) 최대우도추정치는 P개의 모든 변수들이 다변량 정규분포를 따른다고 가정하고 요인의 적재치를 계산하는 방법으로 모델 추정을 위한 공변량 구조분석에서 많이 사용

하였으며(MacKenzie & Lutz, 1975), 구조모형 분석결과는 <그림 2>와 같다.

<그림 2> 구조모형 분석결과

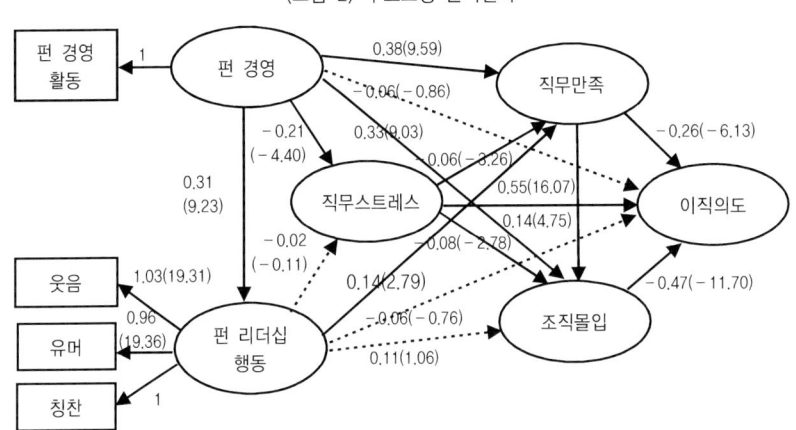

주1) 숫자는 경로계수 값(t값)
주2) 실선: 유의한 경로, 점선: 비유의한 경로(양측검증)

a. 주가설 검증

가설 1은 펀 경영과 리더의 펀 리더십 행동의 관계를 설명한다. CEO의 펀 경영 정도는 리더의 펀 리더십 행동에 정(+) 방향으로 영향을 미치고, 유의수준 p=.01에서 통계적으로 유의적인 것으로 나타났다. 이는 최근 주요 기업들이 펀 경영을 통해 회사를 즐겁고 재미있는 일터로 만들기 위해 직원들로 하여금 직접 유머훈련에 참여토록 하여 직장분위기를 활성화시키는 전략으로 발전시키고 있고, 펀 경영의 효율적인 추진을 위해 리더들을 대상으로 펀

한다(김계수, 2006).

리더십 과정을 운영하는 등 리더들부터 변화시키기 위한 CEO의 펀 경영의 정도는 리더의 펀 리더십 행동인 웃음, 유머, 칭찬에 긍정적인 영향을 미치는 것으로 판단된다. 따라서 가설 1은 지지되었다.

가설 2, 3은 펀 경영과 조직 구성원의 직무스트레스, 직무태도와의 관계를 설명한다. CEO의 펀 경영 정도는 직무스트레스에 부(-)의 방향으로 영향을 미치고 직무만족과 조직몰입에 정(+)의 방향으로 영향을 미치며, 모두 유의수준 $p=.01$에서 통계적으로 유의한 것으로 나타났다. 따라서 최근 국내 주요 기업이나 기관에서 추진하고 있는 펀 경영은 직원들의 직무스트레스를 감소시키고 직무만족과 조직몰입의 증대 등 조직 유효성에 긍정적인 영향을 미치는 것을 확인할 수 있다. 그리고 이 결과는 직장에서의 펀(fun)은 스트레스와 긴장을 감소시키고 직장에서 펀(fun)을 많이 느끼는 조직 구성원일수록 자신이 하는 일에 대해 직무만족이 높다고 한 Karl *et al*.,(2005)과 Karl & Peluchette(2006)의 연구, 일과 삶이 균형을 이루면서 즐거움과 재미가 함께 어우러지는 조직은 조직 활성화, 스트레스 감소 등의 경영 성과로 나타나게 된다는 오익재(2006), 홍병철(2006), Leslie(2001)의 주장을 뒷받침한다고 할 수 있다. 또한 이 검증결과는 선행연구에서 살펴본 국내의 삼성 테스코와 오리온, 미국의 사우스웨스트 항공사에서 펀 경영을 실천한 결과와도 유사하다고 볼 수 있다. 그러나 본 연구에서의 펀 경영 정도는 이직의도에 부(-)의 방향으로 영향을 미치지만 유의적이지 않은 것으로 나타났다. 이는 삼성 테스코와 오리온, 사우스웨스트 항공사가 시스템을 구축하고 펀 경영을 적극적으로 추진하는 기업인 반면, 본 연구는 펀 경영을 적극적으로 추진하는 기업과 펀 경영을 점진적으로 도입하여 추진하는 기업 등을 포함하여 연구가 진행되어 차이가 나타난 것으로 사료된다. 또한 오래전부터 펀 경영을 추진한 국외의 펀 경영 기업과는 달리 국내의 경우 펀 경영을 도입하여 추진한 것이 오래되지 않았고 완전히 시스템적으로 정착되지 않아 조직 구성원 개개인의 이직의도에까지 영향을 미치지 못한 것으로 생각된다. 따라서 가설 2와 가설 3-1, 3-2는 지지되었으나 가설 3-3은 지지되지 않았다.

가설 4, 5는 리더의 펀 리더십 행동과 조직 구성원의 직무스트레스, 직무태도와의 관계를 나타낸다. 실증분석 결과, 리더의 펀 리더십 행동 정도는 직무스트레스에 부(-)의 방향으로 영향을 미치지만 유의적이지 않았다. 그리고 직무태도 변수 중 직무만족에는 정(+)의 방향으로 영향을 미치고 유의수준 p=.01에서 통계적으로 유의한 것으로 나타났으나, 조직몰입에 정(+)의 방향으로 영향을 미치고 이직의도에 부(-)의 방향으로 영향을 미치지만 유의적이지 않았다. 따라서 웃음, 유머, 칭찬 등의 리더 개인의 펀 리더십 행동은 개인 중심의 태도변수인 직무만족을 증진시키는 선행요인은 되지만, 직무스트레스나 조직차원의 태도변수인 조직몰입, 이직의도에는 크게 유의한 영향을 미치지 못하는 것으로 나타났다. 이와 같이 유의한 영향을 미치지 못한 이유는 <표 4>의 기술통계량 분석에서와 같이 리더들의 펀 리더십 행동의 정도가 평균을 다소 상회하는 데에서도 그 원인을 찾아볼 수 있겠다. 또한 이와 같은 결과는 리더십 스타일과 직무스트레스와의 관계에서 유의적인 차이가 없었다는 김영순(2001)의 연구와 거래적 리더십은 생리적ㆍ

심리적 스트레스 증세를 감소시키는 데 크게 기여하지 못하였다는 한광현(1999)의 연구, 펀 리더십과 관련이 있는 배려적 리더십은 직무만족과 유의적인 상관관계가 있다는 심정문(2005)의 연구와 감성 리더십은 직무만족에 유의한 상관관계가 있고 유의적인 영향을 미쳤다는 정현영(2006)의 연구, 그리고 부하들이 지각하는 리더십은 조직몰입에 정(+)의 관계이나 유의적이지 않았다는 김병식(1997)의 연구와 리더십 유형 중 거래적 리더십은 이직의도에 통계적으로 유의한 영향을 미치지 못하였다는 최영록(2003)의 연구, 감성 리더십은 이직의도에 유의적인 영향을 미치지 않았다는 정현영(2006)의 연구 등과 일치한다고 할 수 있다. 따라서 가설 5 - 1은 지지되었으나 가설 4와 가설 5 - 2, 5 - 3은 지지되지 않았다.

가설 6은 직무스트레스와 직무태도와의 관계를 설명한다. 실증분석 결과, 직무스트레스는 직무만족과 조직몰입에 부(-)의 방향으로 영향을 미치고 이직의도에 정(+)의 방향으로 영향을 미치며, 모두 유의수준 p=.01에서 통계적으로 유의한 것으로 나타났다. 이는 선행연구에서 옥원호·김석용(2001), Beehr & Bhaget(1985), Judge(1993), Law *et al*.,(1995) 등 여러 연구자들이 제시한 결과를 뒷받침하는 것으로써 직무스트레스가 직무태도에 부정적인 영향을 미치는 것을 알 수 있다. 따라서 가설 6 - 1, 6 - 2, 6 - 3은 지지되었다.

가설 7은 직무태도 변수 간의 관계를 나타낸다. 실증분석 결과, 직무태도 변수 간의 관계에서는 직무만족은 조직몰입에 정(+)의 방향으로 영향을 미치고 이직의도에 부(-)의 방향으로 영향을 미치며, 모두 유의수준 p=.01에서 통계적으로 유의적인 것으로 나타났다. 또한 조직몰입은 이직의도에 부(−)의 방향으로 영향을 미치고 유의수준 p=.01에서 통계적으로 유의적인 것으로 나타났으며, 직무만족보다 조직몰입의 정도가 이직의도에 더 크게 영향을 미치고 있음을 확인할 수 있다. 이는 이들 변수들 간에는 깊은 관계가 있다고 밝힌 김일채(1998), Brown & Peterson(1993), Mathiue & Zajac(1990), Tett & Meyer(1993) 등의 주장과 일치하는 결과이다. 따라서 가설 7−1, 7−2, 7−3은 지지되었다.

앞서 살펴본 가설 검증 결과를 요약하면 <표 11>과 같다.

〈표 11〉 가설검증 결과(요약)

가 설		경 로	가설방향	경로 계수값	t값	결과
가설 1		펀 경영→ 펀 리더십 행동	+	0.31***	9.23	채택
가설 2		펀 경영→ 직무스트레스	−	−0.21***	−4.14	채택
가설3	3−1	펀 경영→ 직무만족	+	0.38***	9.59	채택
	3−2	펀 경영→ 조직몰입	+	0.33***	9.03	채택
	3−3	펀 경영→ 이직의도	−	−0.06	−0.86	기각
가설 4		펀 리더십 행동→ 직무스트레스	−	−0.02	−0.11	기각
가설5	5−1	펀 리더십 행동→ 직무만족	+	0.14***	2.79	채택
	5−2	펀 리더십 행동→ 조직몰입	+	0.11	1.06	기각
	5−3	펀 리더십 행동→ 이직의도	−	−0.06	−0.76	기각
가설6	6−1	직무스트레스→ 직무만족	−	−0.06***	−3.26	채택
	6−2	직무스트레스→ 조직몰입	−	−0.08***	−2.78	채택
	6−3	직무스트레스→ 이직의도	+	0.14***	4.75	채택
가설7	7−1	직무만족→ 조직몰입	+	0.55***	16.07	채택
	7−2	직무만족→ 이직의도	−	−0.26***	−6.13	채택
	7−3	조직몰입→ 이직의도	−	−0.47***	−11.70	채택

주) ***: $p \langle 0.01$ (|t|)2.576) (양측검증 기준)

b. 조절효과 가설 검증

조절효과(moderate effect)는 내생변수에 영향을 주는 제2의 외생변수로서(김계수, 2006), 본 연구에서는 직무업종 형태에 따라 CEO의 펀 경영과 리더의 펀 리더십 행동이 조직 구성원의 직무스트레스와 직무태도에 미치는 조절효과를 검증하였다. 이를 위해 먼저 연구 모형에서 확보된 전체 집단에 대한 모형의 적합도를 기초로 직무업종 형태를 서비스금융업, IT제조건설업, 정부/공공기관 등 세 집단으로 구성하고, AMOS를 이용한 구조방정식 기법을 활용하여 직무업종 형태별 모형의 적합도를 검토한 후, 경로계수 값의 유의성을 확인하여 유의한 차이가 있는지를 비교 분석하였다.

모형의 적합도는 <표 12>에서와 같이 세 집단의 표본수가 모두 최소 150개 이상이고 x^2/df로 나눈 값도 3보다 작으며, GFI와 NFI, RMSEA 등의 적합도 지수값도 모두 만족스러운 것으로 나타났다.

조절효과를 분석해 보면, <표 12>에서와 같이 직무업종 형태별로 펀 경영이 조직 구성원의 직무스트레스와 직무태도에 미치는 영향은 주가설 검증에서와 같이 모두 긍정적으로 영향을 미치는 것을 확인할 수 있다. 세부적으로 차이점을 비교해 보면, 펀 경영이 조직 구성원의 직무스트레스에 미치는 영향은 부분적으로 유의한 차이가 있는 것으로 나타났다. 즉 서비스금융업과 IT제조건설업에서 펀 경영이 직무스트레스에 미치는 영향은 유의한 부(−)의 영향을 미쳤으나 정부/공공기관에는 부(−)의 방향으로 영향을 미치지만 유의적이지 않았다. 이는 펀 경영이 비정규직 직원이 많고 주요 담당업무에서 클라이언트에게 직접 서비스를 제공하며 고난이도 업무를 담당하는 직무업종에서 더 크게 영향을 미친다고 할 수 있겠으며, 주로 사무 업무를 담당하는 정부/공공기관에는 타 업종보다 적게 영향을 미친다고 할 수 있겠다. 그리고 직무업종 형태별로 펀 경영이 조직 구성원의 직무만족과 조직몰입에 미치는 영향은 모두 유의한 정(+)의 영향을 미치는 것으로 나타나 직무업종 형태별로 유의한 차이가 없는 것으로 나타났다. 또한 이직의도에 미치는 영향은 IT제조건설업에서만 부(-)의 방향으로 영향을 미치고 유의수준 p=.01 수준에서 통계적으로 유의적인 것으로 나타나 일부 직무업종 형태별로 차이가 있는 것으로 나타났다. 따라서 가설 8은 지지되지 않았다.

〈표 12〉 조절효과 검증결과(경로계수값/t값)

구 분		서비스금융업	IT제조건설업	정부/공공기관
모형의 적합도	표본크기	276	228	171
	x^2 (df)	27.15(12)	22.29(10)	27.58(15)
	GFI	0.96	0.97	0.95
	NFI	0.98	0.99	0.98
	RMSEA	0.05	0.05	0.04
가설8	펀 경영→ 직무스트레스	-0.24***/-3.45	-0.23***/-2.86	-0.09/-0.92
	펀 경영→ 직무만족	0.29***/5.08	0.54***/7.54	0.26***/3.03
	펀 경영→ 조직몰입	0.43***/7.77	0.31***/4.57	0.23***/3.35
	펀 경영→ 이직의도	-0.05/-0.89	-0.18***/-2.59	-0.06/-0.98
가설9	펀 리더십 행동→ 직무스트레스	-0.09/-0.98	-0.06/-0.56	-0.17/-1.08
	펀 리더십 행동→ 직무만족	0.12*/1.65	0.08/1.03	0.31**/2.51
	펀 리더십 행동→ 조직몰입	0.10/1.58	0.06/0.90	0.12/1.23
	펀 리더십 행동→ 이직의도	-0.08/-1.16	-0.07/-1.01	-0.09/-0.97

주) *: p<0.1(|t|)1.645), **: p<0.05(|t|)1.960), ***: p<0.01(|t|)2.576)(양측검증)

직무업종 형태별로 리더의 펀 리더십 행동이 조직 구성원의 직무스트레스와 직무태도에 미치는 영향에 관한 차이점을 분석해 보면, 펀 리더십 행동이 직무스트레스에 미치는 영향은 주가설 검증에서와 같이 직무업종 형태별로도 부(−)의 방향으로 영향을 미치지만 모든 업종에서 유의한 영향을 미치지 않아 유의한 차이가 없는 것으로 나타났다. 그리고 리더의 펀 리더십 행동이 직무만족에 미치는 영향은 서비스금융업과 정부/공공기관에서는 유의한 정(+)의 영향을 미치고 IT제조건설업에서는 정(+)의 영향을 미치지만 유의적이지 않아 부분적으로 업종 형태별로 유의한 차이가 있는 것으로 나타났다. 또한 업종 형태별로 조직몰입에 미치는 영향은 모두 정(+)의 방향으로 영향을 미치지만 유의적이지 않았고, 업종 형태별로 이직의도에 미치는 영향은 모두 부(−)의 방향으로 영향을 미치지만 유의적이지 않아 유의한 차이도 없는 것으로 나타났다. 따라서 가설 9는 지지되지 않았다.

 V. 결 론

1. 연구 결과의 요약

본 연구의 목적은 최근 주요 기업이나 기관에서 추진하고 있는 조직차원에서의 CEO의 펀 경영과 부서차원에서의 리더의 펀 리더십 행동정도가 조직 구성원의 직무스트레스와 직무태도에 미치는 영향을 실증적으로 검증해 보고자 한 것으로서, 이러한 연구 목적을 달성하기 위해 연구의 이론적 배경과 선행연구 등을 토대로 연구 모형과 연구 가설을 설정하고 측정 항목을 개발하였다. 그리고 펀 경영을 추진하고 있는 기업을 포함하여 직장인을 대상으로 자료를 수집하여 가설을 검증하였으며, 가설검증 결과를 요약 정리하면 다음과 같다.

첫째, 조직차원에서 추진하고 있는 CEO의 펀 경영 정도는 리더의 펀 리더십 행동과 조직 구성원의 직무스트레스, 직무태도 변수 중 직무만족과 조직몰입에 유의한 정(+)의 상관관계가 있고 유의한 정(+)의 영향을 미치며, 이직의도에는 유의한 정(+)의 상관관계가 있고 부(−)의 방향으로 영향을 미치지만 유의적이지 않은 것으로 나타났다. 따라서 국내의 주요 기업이나 기관에서 추진하고 있는 펀 경영은 리더의 펀 활동을 활성화시키고 직원들의 직무스트레스 감소, 직무만족과 조직몰입의 증대 등 조직 유효성에 긍정적인 영향을 미친다고 할 수 있다.

　둘째, 리더의 펀 리더십 행동은 직무스트레스에 부(-)의 상관관계가 있고 부(-)의 방향으로 영향을 미치지만 유의적이지 않았으며, 직무태도 변수 중 직무만족과는 유의한 정(+)의 상관관계가 있고 유의한 정(+)의 영향을 미치는 것으로 나타났다. 그러나 조직몰입과는 유의한 정(+)의 상관관계가 있으나 유의한 영향을 미치지 않았으며, 이직의도와도 유의한 부(-)의 상관관계가 있으나 유의적이지 않은 것으로 나타났다. 따라서 펀 경영 실천을 위해 부서차원에서 추진하고 있는 웃음, 유머, 칭찬 등 리더 개인의 펀 리더십 행동은 조직 구성원의 개인중심의 태도 변수인 직무만족을 증진시키는 선행요인은 되지만 직무스트레스나 조직차원의 태도 변수인 조직몰입, 조직을 떠나려고 하는 이직의도에까지는 영향을 미치지 못하였다.

　셋째, 직무스트레스는 조직 구성원의 직무태도 변수인 직무만족, 조직몰입, 이직의도에 모두 유의한 영향을 미치는 것으로 나타났다. 즉 직무스트레스는 직무만족과 조직몰입에 유의한 부(-)의 영향을 미치고 이직의도에 유의한 정(+)의 영향을 미치는 것으로 나타났다. 이는 이들 변수들 간에 깊은 관계가 있다고 밝힌 여러 연구자들의 연구를 뒷받침하는 것으로 조직 내에서 직무와 관련된 스트레스를 해결하지 않고는 조직 구성원 각 개인의 안정과 조직의 유효성을 기대할 수 없다는 것을 알 수 있다. 따라서 업무에서 오는 직무스트레스를 개인적 차원의 문제로 여기는 것이 아니라 조직차원에서 적극적인 관리가 요구된다고 하겠다.

　넷째, 직무태도 변수 간에는 유의한 영향을 미치는 것으로 나타났다. 즉 직무만족은 조직몰입에 유의한 정(+)의 영향을 미치고 이직의도에 유의한 부(-)의 영향을 미치며, 조직몰입은 이직의도에 유의한 부(-)의 영향을 미치는 것으로 나타났다. 이는 이들 변수들 간에 깊은 상관관계가 있다고 밝힌 여러 연구자들의 주장과 일치하는 것으로 직무만족은 조직몰입에, 직무만족과 조직몰입은 이직의도에 선행변수가 된다고 할 수 있다.

다섯째, 조절효과 면에서 직무업종 형태에 따라 펀 경영과 펀 리더십 행동이 조직 구성원의 직무스트레스와 직무태도에 미치는 영향은 부분적으로 유의한 차이가 있는 것으로 나타났다. 즉 CEO의 펀 경영 정도가 직무스트레스에 미치는 영향은 다른 업종과는 달리 정부/공공기관에서는 크게 유의한 영향을 미치지 않는 것으로 나타났다. 또한 CEO의 펀 경영 정도가 이직의도에 미치는 직접효과는 유의한 영향을 미치지 않았지만 IT제조건설업에서는 유의한 부(-)의 영향을 미치는 것으로 나타났다. 또한 리더의 펀 리더십 행동이 직무만족에 미치는 영향은 직무업종 형태별로 일부 유의한 차이가 있었으나 직무스트레스와 조직몰입, 이직의도에는 업종 형태별로 유의한 영향을 미치지 않았고 유의한 차이도 없는 것으로 나타났다. 따라서 조직 특성에 적합한 펀 경영 프로그램을 개발하여 적극적으로 추진할 필요가 있다.

종합해 보면 직장 내 즐거움과 재미를 넘치게 하여 회사의 생산성을 높이고자 하는 펀(fun) 경영과 이를 효율적으로 추진하기 위한 리더의 펀 리더십 행동은 각종 문헌이나 선행연구에서 살펴본 바와 같이 조직 구성원의 직무스트레스 감소나 직무만족 및 조직몰입의 증대 등 조직유효성에 긍정적인 영향을 미친다고 할 수 있겠다.

2. 연구의 의의 및 시사점

가. 연구의 의의

펀 경영은 미국에서 1990년대에 시작되어 2000년대 들어 주목을 받기 시작한 경영기법으로서 현재는 아시아, 유럽지역에까지 확산되고 있다. 최근 국내에서도 펀 경영이 경영의 새로운 트렌드로 자리를 잡아 가면서 관료적이고 딱딱한 조직보다 부드럽고 활기찬 조직이 생산성이 높고 직장에서의 즐거움과 재미가 직원들에게 일하고 싶어 하는 동기를 부여하여 자연스럽게 기업의 생산성을 이끌어 낼 수 있다는 것을 공감하면서 다양한 방식으로 펀 경영과 관련된 활동을 시도하고 있다.

그러나 아직까지 국내에서는 펀 경영이나 펀 리더십 행동이라 하면 일시적인 유행어이며, 또는 단순히 '노는' 의미로 이해하거나 그 성과에 대해 평가 절하하는 등 일부 부정적인 견해들이 있으며, 또한 이 분야에 대한 연구도 일부 몇 편의 문헌 연구가 진행되었을 뿐 직무스트레스나 직무태도 등 조직 유효성에 미치는 영향에 대한 실증적인 연구는 아주 미흡한 실정이다.

따라서 본 연구는 최근 국내의 주요 기업이나 기관에서 즐겁고 재미있게 일할 수 있는 조직분위기를 조성하여 조직성과를 극대화하기 위해 다양하게 추진하고 있는 펀 경영 활동과 관련하여 조직 차원에서 추진하고 있는 CEO의 펀 경영과 이를 실천하기 위해 부서차원에서 추진하는 리더의 펀 리더십 행동이 조직 구성원의 직무스트레스와 직무태도에 미치는 영향을 처음으로 실증적으로 검증해 보았다는 데 큰 의의가 있다. 즉 이론적 배경을 바탕으로 펀 경영과 펀 경영 활동, 펀 리더십과 펀 리더십 행동에 대한 개념을 정립하고 선행연구 등을 토대로 연구 모형과 연구 가설을 설정하였으며, 이어 측정 항목을 개발하고 펀 경영을 추진하는 기업을 포함하여 직장인을 대상으로 분석을 위한 자료를 수집한 후 구조방정식 모델인 AMOS를 이용하여 실제로 설정된 가설을 검증하고 그 결과와 시사점을 제시하였다는 점에서 큰 의의가 있다고 하겠다.

나. 연구의 시사점

첫째, 본 연구에서 조직차원에서 추진하고 있는 CEO의 펀 경영 정도는 리더의 펀 리더십 행동과 조직 구성원의 직무스트레스, 직무태도에 긍정적인 영향을 미치는 것으로 나타났다. 이는 직원들이 행하는 일 자체와 즐거움, 재미를 자연스럽게 결합하여 조직성과를 끌어올리고자 하는 펀 경영의 목적을 어느 정도 뒷받침하는 것이라고 할 수 있다. 따라서 펀 경영이 기업과 조직 구성원, 고객 모두가 즐겁고 신뢰할 만한 일터를 조성하여 기업의 생산성을 향상시키고자 하는 성공전략으로 자리잡기 위해서는 일회성이 아닌 일관성을 가지고 지속적으로 펀 경영 프로그램을 추진해야 할 것이다. 이를 위해 펀 경영의 전담부서뿐만 아니라 CEO를 포함한 리더들이 직접 앞장서야 하고 무엇보다 기업경영의 환경에 적합한 펀 경영 시스템을 구축하여 펀 경영이 기업의 조직문화로 정착되도록 하는 것이 중요하다.

둘째, 본 연구에서 리더의 펀 리더십 행동은 조직 구성원의 직무만족에 유의한 영향을 미치고 직무스트레스와 조직몰입, 이직의도에 유의적이지는 않지만 부분적으로 긍정적으로 영향을 미치는 것으로 나타났다. 따라서 펀 경영 차원에서 조직에 즐거움과 재미라는 요소를 체화시켜 직원들이 열정적으로 일할 수 있는 조직분위기를 만들어 가기 위해서는 먼저 리더가 앞장서서 즐거운 일터로 가꾸려고 노력하는 펀 리더십의 발휘가 무엇보다도 중요하고 펀 리더십 행동을 향상시켜야 한다. 이를 위해 조직을 이끄는 리더들이 펀 경영과 펀 리더십의 특성을 이해하고 웃음, 유머, 칭찬 등 펀 리더십 행동 수준을 더욱 높일 수 있도록 노력해야 할 것이다. 특히 기술통계량 분석에서 펀 리더십 행동 중 유머는 웃음, 칭찬보다 점수가 낮은 것으로 나타났다. 따라서 리더의 펀 리더십 행동 수준을 향상시키기 위해서는 CEO만의 의지나 일시적인 외부 강사의 도움만으로는 한계가 있기 때문에 펀 리더십 행동과 관련된 펀 리더 양성 과정 등을 개설하여 지속적으로 운영하는 것도 좋은 예가 될 수 있을 것이다. 또한 펀 경영 활동의 가장 중요한 핵심 축이라고 할 수 있는 일선 관리자들이 세심한 배려를 통해 직원들이 행복하게 회사생활을 할 수 있도록 잘 짜인 '중간관리자 동기부여 시스템'의 구축이 필요하고, 이와 함께 조직차원에서 중간관리자가 효율적으로 펀 경영 활동을 할 수 있도록 체계적인 지원이 필요하다.

셋째, 본 연구에서 직무스트레스는 조직 구성원의 직무태도 변수인 직무만족과 조직몰입에 유의한 부(−)의 영향을 미치고 이직의도에 유의한 정(+)의 영향을 미치는 것으로 나타났다. 따라서 펀 경영 차원에서 조직 구성원을 존중하고 배려하기 위해서는 무엇보다도 먼저 조직 구성원의 직무스트레스를 적극적으로 관리해 나가야 할 것이다. 이를 위해 전문가로 이루어진 별도의 팀을 구성하거나 카운슬링 팀을 편성하여 운용하는 것도 한 예가 될 수 있을 것이며, 또한 펀 경영 차원에서 직원들의 고용 안정감을 제고시키고 인사·고과·승진·교육기회·선발·성과 분배 등 각종 제도를 재정비하며, 쾌적한 휴식 공간 마련과 웃음 치료 등 직원들이 좀 더 즐겁고 재미있게 일할 수 있는 각종 펀 경영 관련 프로그램을 개발하여 지속적으로 실천할 필요가 있다.

넷째, 직무태도 변수 간에는 상호 유의한 영향을 미치는 것으로 나타났다. 따라서 종업원들이 조직 내에서 갖는 여러 가지 태도 중에서 경영의 관점에서 볼 때 직무와 조직에 대하여 호의적인 직무태도를 갖도록 하는 것이 중요하다. 이를 위해 경영자들은 이러한 태도를 호의적인 방향으로 개선시키기 위해 다각적인 측면에서 노력과 투자가 이루어져야 할 것이다.

다섯째, 직무업종 형태별로 펀 경영과 펀 리더십 행동이 조직 구성원의 직무스트레스와 직무태도에 미치는 영향은 일부 부분적으로 유의한 차이가 있는 것으로 나타났다. 따라서 펀 경영을 도입하여 추진할 경우 기업경영의 환경과 직무업종 형태 등을 고려하여 해당 조직 특성에 적합한 펀 경영 기법을 발전시켜 추진할 필요가 있다

여섯째, 최근까지 활발하게 연구가 진행되어 온 리더십에 대한 전반적인 연구는 주로 변혁적·거래적 리더십에 관한 연구가 대부분이었다. 그러나 현재는 기업경영의 환경이 하루가 다르게 변화하고 있어 새로운 기업경영의 환경에 적합하고, 복잡하고 어려운 기

업경영을 극복하기 위한 새로운 리더십 스타일이 요구되고 있다. 따라서 최근 새롭게 요구되는 리더십 스타일 유형 중의 하나가 바로 펀 리더십이다. 그러나 펀 리더십은 국내에서 아직은 다소 생소하고 명확하게 개념이 정립되지 않은 상태이다. 따라서 본 연구에서는 펀 리더십에 대한 개념을 정립하고 측정 항목을 개발하여 그 결과를 검증한 결과 조직 구성원의 직무스트레스와 직무태도에 부분적으로 긍정적인 영향을 미치는 것으로 나타났다. 따라서 펀 리더십에 대한 개념과 구성요소, 수행 방안, 측정 항목 등에 대한 추가적이고 발전적인 연구가 필요하다.

3. 연구의 한계 및 향후 연구방향

본 연구는 다음과 같은 한계점을 가지고 있으며, 이에 따라 향후의 연구방향을 제시하면 다음과 같다. 첫째, CEO의 펀 경영과 리더의 펀 리더십 행동의 성과를 측정하는 데 있어 조직 구성원의 직무스트레스와 조직행동 분야인 직무태도에만 중점을 두고 검증하였으나, 향후에는 재무적 자료 등을 이용하여 생산성 향상 등 조직성과 측면에서 그 성과를 검증해 볼 필요가 있다. 둘째, 일정한 시점을 기준으로 펀 경영을 적극적으로 도입하여 추진하거나 다소 그렇지 않은 기업 등을 대상으로 그 결과를 검증하였으나 향후에는 펀 경영을 실천하는 기업이나 기관이 더 늘어날 것이므로 펀 경영 도입 전후의 성과관계를 검증하여야 실질적으로 펀 경영의 효과를 검증할 수 있을 것이다. 셋째, 펀 경영과 펀 리더십 행동에 대한 관련된 선행연구의 부족으로 몇 가지 측정 변수에 대해서만 연구가 진행되었다. 따라서 펀 경영과 펀 리더십에 대한 추가적인 연구와 이에 영향을 미치는 다른 변수들에 대한 연구가 필요하다. 넷째, 표본과 관련된 문제로서 본 연구의 표본 대상은 주로 서울에서 근무하는 직장인을 대상으로 선정하였으나 연구 결과를 보다 일반화하기 위해서는 이러한 표본을 보다 많이, 그리고 보다 넓고 고르게 분포되도록 하는 것이 필요하다.

그러므로 향후에는 재무적 자료 등을 이용한 펀 경영의 성과 측정과 펀 경영 도입 전후의 성과 관계에 관한 연구, 펀 경영 및 펀 리더십에 대한 개념 발전과 이에 영향을 미치는 다른 변수에 대한 연구, 그리고 설문조사 대상자를 보다 공정하게 선정하여 연구가 진행되어야 할 것이다.

|참고문헌|

● 국내 문헌

고종욱·염영희. (2003), "간호사의 직무스트레스와 직무만족 및 조직몰 입간의 관계에서 사회적 지지의 역할", *한국간호학회지*, 33(2).

곽수진. (2005), 공격적인 유머와 자멸적인 유머를 사용하는 청소년의 심 리적 특성, 카톨릭대학교 대학원 석사학위논문.

구명숙. (2007), "섬김 리더십", *한국사상과 문화*, 36.

구연원. (2005), 조직문화 유형과 리더십 유형이 조직 유효성에 미치는 영향에 관한 연구, 용인대학교 대학원 박사학위논문.

국윤성. (2006), "펀 경영은 일시적 유행이 아니라 트렌드이다", *인사관리*, 2006 특집.

권순일. (2000), *조직행위론*, 부산: 세종출판사.

권영호. (2000), N세대 사병의 지휘통솔에 관한 연구, 국방대학교 안보정 책과정.

김계수. (2006), *AMOS구조방정식모형분석*, 서울: 한나래.

김광림. (2005), 칭찬프로그램이 대학생의 자아존중감, 대학생활 적응, 부 모-자녀간 의사소통, 대인관계에 미치는 효과, 계명대학교 대학 원 석사학위논문.

김기문·이호근·김경규. (2005), "자원관점에 기반한 정보기술 능력모델 의 구축 및 평가에 대한 연구", *경영정보학연구*, 15(4).

김도일. (2004), "P세대를 위한 교회교육", *교육교회*, 2004-01.

김무진. (2005), 리더십 행동과 조직 유효성의 관계에서 위기 및 자긍심 의 조절효과에 관한 연구, 국방대학교 석사학위논문.

김병식. (1997), 리더십 유형과 근로자의 임파워먼트, 몰입, 그리고 이직 의도간의 관계에 관한 연구, 경희대학교 대학원 박사학위논문.

김성일. (2007), 재미는 어디서 오는가?, 한국심리학회 연차학습발표대회 논문집.

김영미·한혜원. (2005), "댄스스포츠의 재미 요인과 여가몰입, 여가만족의 관계", 한국사회체육학회지, 44(6).

김영선. (2005), 노인에 대한 일회성 웃음요법이 스트레스 반응에 미치는 영향, 부산대학교 대학원 석사학위논문.

김영순. (2001), 학교장의 리더십 스타일과 교사의 직무스트레스와의 관계 연구, 숭실대학교 교육대학원 석사학위논문.

김용운. (1997), 웃음건강학, 서울: 예영커뮤니케이션.

김원중. (1999), "칭찬과 꾸중의 원리", 학생생활연구, 경남대학교 학생생활연구소.

김일석. (2002), "리더 행동과 신뢰인식 유형이 직무반응에 미치는 영향에 관한 연구", 한국사회와 행정연구, 13(2).

김일채. (1998), "호텔종사원의 직무성과가 이직의도에 미치는 영향", 관광학연구, 21(2).

김창한. (2006), "서번트 리더십이 호텔 종사원의 이직의도에 미치는 영향", 사회과학연구, 21.

김학진 · 김성문 · 김진우 · 박선주. (2007), 디지털 펀! 재미가 가치를 창조한다, 서울: 삼성경제연구소.

김현기. (2003), "Fun 경영의 성공 포인트", 인사행정, 2003 겨울호.

김현성. (2005), 자동차산업의 사무직과 현장직 근로자의 직무스트레스와 근골격계자각증상과의 연관성에 대한 연구, 인하대학교 대학원 석사학위논문.

김형섭. (2006), "호텔종사원의 직무스트레스, 직무만족, 조직몰입과 이직의도와의 관계에 대한 연구", 관광연구, 19(3).

김형용 · 주석범. (2005), "성인의 레저스포츠 몰입 및 참여정도가 재미(fun)에 미치는 영향", 한국사회체육학회지, 25.

라석기. (1985), "칭찬과 질책이 체육학습 태도변화에 미치는 영향", 한국사회체육학회지, 24(2).

라원기. (2004), 성경안에 나타난 웃음치료에 관한 연구, 호남신학대학교 기독교상담대학원 석사학위논문.

류종훈. (2005), 웃음 치료학의 이론과 실제, 서울: 21세기사.

민남식. (2006), "지식 근로자의 인적자원 관리 특성과 개발과제", 지역발전연구, 6(1).

박규경. (2000), 경력계획이 경력만족, 경력몰입 및 이직의도에 미치는 영향에 관한 연구, 서강대학교 대학원 석사학위논문.

박기찬. (2008), 신나는 조직을 위한 펀 경영, 서울: 다밋.

박내희. (1990), *조직행동론*, 서울: 박영사.

박동수·정성한. (1999), "쌍방관계에서의 리더 행동과 리더십 유효성간 관계의 상황조절변수", *경영학연구*, 28(1).

박세홍. (1994), 직무스트레스 요인이 스트레스 과정 및 조직 유효성에 미치는 영향에 관한 연구, 한남대학교 대학원 박사학위논문.

박옥순. (2004), 초등학교 아동이 지각한 교사 유머 수준이 학급풍토에 미치는 영향, 한국교원대학교 대학원 석사학위논문.

박은성. (1998), *현대인사관리*, 서울: 형설출판사.

박은영. (2001), 여자장교의 직무수행 능력 및 태도에 관한 탐색적 연구, 국방대학교 석사학위논문.

박희태. (2003), 변혁적 리더십과 직무만족 관계에서 직무스트레스의 매개효과 연구, 국방대학교 석사학위논문.

백기복. (2001), *조직행동연구*, 경기: 법문사.

백기복. (2005), *리더십리뷰(이론과 실제)*, 서울: 창민사.

백순기. (2007), "댄스스포츠 재미 요인과 몰입경험의 관계", *한국체육교육학회지*, 12(1).

서인덕·배성현·이규원. (1990), "조직문화 및 조직몰입과 직장 스트레스의 관련성 연구", *새마을·지역개발연구*, 11.

성미옥. (2003), 초등학생의 자아존중감과 학교생활 만족도 향상을 위한 칭찬 프로그램 개발과 그 효과에 관한 연구, 서울교육대학교 교육대학원 석사학위논문.

심정문. (2005), 리더십 유형이 직무만족에 미치는 영향에 관한 연구, 국방대학교 안보과정논문.

심현하. (2006), 상사 모니터링 행동이 구성원의 직무태도에 미치는 영향, 이화여자대학교 대학원 석사학위논문.

안대희·강미정. (2003), "여행사 종사원의 직무스트레스가 직무만족에 미치는 영향", *문화관광연구*, 5(1).

오익재. (2006), *편 경영*, 서울: 월간조선사.

옥원호·김석용. (2001), "지방공무원의 직무스트레스와 직무만족 및 조직몰입에 관한 연구", *한국행정학보*, 35(4).

유천근. (1969), 칭찬과 질책이 우수아와 열등아의 학습에 미치는 효과, 서울대학교 교육대학원 석사학위논문.

이경순·김부덕. (1995), 삼육대학교 논문집 27, 삼육대학교.

이덕로. (1994), "변혁적, 거래적 리더십이 부하의 추가노력, 직무만족 및 조직몰입에 미치는 영향에 관한 연구", *인사관리연구*, **18.**

이덕로. (1995), "카리스마 리더행동이 부하들의 기대이상의 노력에 미치는 영향에 관한 연구", *경영연구*, **4(1).**

이상훈·이호근·김기문. (2005), "IT프로젝트 성과에 대한 지식이전의 매개효과에 관한 연구", *경영정보학연구*, **15(3).**

이요셉. (2005), *인생을 바꾸는 웃음전략*, 서울: 뜨인돌.

이원영. (1995), "누가 대학생이 되어야 하는가?", *교육개발*, 93(5).

이재명. (2001), *칭찬프로그램 기초실제과정*, 대구: 칭찬문화연구소.

이종남·전미향. (2006), "호텔종사원이 지각하는 유머감각이 직무스트레스와 이직성향에 미치는 영향", *문화관광연구*, **8(1).**

이학식·임지훈. (2006), *SPSS 12.0 매뉴얼*, 경기: 법문사.

임우택·김영재. (2006), "대학 스포츠 동아리 학생들의 재미 요인이 활동태도에 미치는 영향", *한국체육학회지*, **45(3).**

장영호. (2005), 군조직 구성원의 직무특성 지각이 직무스트레스에 미치는 영향에 관한 연구, 국방대학교 석사학위논문.

장은석·김영배. (2007), "펀(fun) 마케팅으로서 사인디자인 연구", *조형미디어학*.

전동진. (2005), 부교역자가 개발해야 할 리더십에 대한 연구(부교역자의 펀 리더십 개발에 관하여), 한세대학교 영산신학대학원 석사학위논문.

전미향. (2005), 호텔종사원이 지각하는 유머감각이 직무태도에 미치는 영향, 대구대학교 국제경영대학원 석사학위논문.

정선미. (2004), 웃음 훈련이 청소년의 긍정적·부정적 정서에 미치는 효과, 창원대학교 교육대학원 석사학위논문.

정현영. (2006), 위탁급식체 종사자의 감성리더십과 감성지능이 조직성과에 미치는 영향, 연세대학교 대학원 박사학위논문.

조순배. (2006), *웃음치료 이론과 실제*, 경기: 생명샘.

조영화. (2004), 또래간 칭찬하기 활동이 유아의 친사회적 행동 및 대인문제 해결사고에 미치는 영향, 성신여자대학교 교육대학원 석사학위논문.

조현철. (2003), *구조방정식모델*, 서울: 석정.

주윤수. (2006), 리더십이 임파워먼트에 미치는 영향, 국방대학교 석사학위논문.

진현. (2006), "펀 경영은 일시적 유행이 아니라 트렌드이다", *인사관리*, 2006 특집.

차현수. (2004), 현장관리자의 서비스 리더십 특성이 종사자의 직무태도와 서비스 성과에 미치는 영향, 경기대학교 서비스경영전문대학원 박사학위논문.

채서일. (2006), 사회과학조사방법론, 서울: 비·앤·엠·북스.

천순덕. (2005), 직무스트레스 요인이 상사-부하 교환관계와 직무만족, 조직몰입 및 이직의도에 미치는 영향에 관한 연구, 경희대학교 대학원 박사학위논문.

최상헌. (2005), 합기도 수련정도에 따른 재미 요인과 정신건강 및 수련효과의 관계, 한국체육대학교 대학원 박사학위논문.

최영록. (2003), 변혁적·거래적 리더십 유형이 임파워먼트와 직무만족, 그리고 이직의도에 미치는 영향, 국방대학교 석사학위논문.

한광일. (2007), 펀 경영리더십, 서울: MIRAEBOOK.

한광현. (1999), "변혁적, 거래적 리더십 요인과 스트레스와의 관계에 대한 탐색적 연구", 경영학 연구, 28(1).

홍병철. (2006), Fun(재미) 경영을 통한 중소기업 경쟁력 강화방안에 관한 연구, 한양대학교 산업경영대학원 석사학위논문.

황명숙. (1991), "유머감각과 스트레스 대처양식과의 관계", 교육연구, 10.

황미구. (2001), 통제소재, 직무스트레스 및 대처전략이 직무만족에 미치는 영향, 홍익대학교 대학원 박사학위논문.

황보 주. (2004), 교환관계가 조직유효성에 미치는 영향: 군 조직에서의 남녀 비교연구, 국방대학교 석사학위논문.

황정임. (1997), 조직특성과 직무스트레스에 관한 연구(지역사회복지관을 중심으로), 이화여자대학교 대학원 석사학위논문.

네이버 백과사전 (2008).

브리태니카 세계백과 (1994).

월간 Leaderpia (2007), 펀 리더십이 대체 뭘까? 7월호.

한국경제신문 (2006. 6. 28), 권위적이고 위압적인 CEO는 조직을 위협합니다.

◉ 국외 문헌

Allen, N. J., & Meyer, J. P. (1990), "Organizational Socialization Tatics: A Longitudinal Analysis of Links to Newcomers Commitment and Role Orientation", *Academy of Management Journal*, 33.

Allport, G. A. (1961), *Pattern and Growth in Personality*, New York: Reinhardt &

Company.

Apte, M. L. (1985), *Humor and Laughter: An Anthropological Approach*, New York: Cornell University Press.

Aranya, N., Kushnir, T., & Valency, A. (1986), "Organizational Commitment in a Male-Dominated Profession", *Human Relation*, 39.

Bagozzi, R. P., & Yi, Y. (1998), "On the Evaluation of Structural Equation Models", *Journal of the Academy of Marketing Science*.

Beatty, R. W., & Xchnier, C. E. (1981), *Personnel Administration: An Experimental Skill-Building Approach(2nd ed.)*, South Dakota: Addison Wesley Publishing Co.

Beehr, T. A., & Bhaget, R. S. (1985), *Human Stress and Cognition in Organization: An Integrated Perspective*, New York: John Wiley & Dons.

Beehr, T. A., & Newman, J. E. (1978), "Job Stress, Employee Health and Organizational Effectiveness: A Facet Analysis, Model and Literature Review", *Personnel Psychology*, 31.

Bentler, P. M., & Bonett, D. G. (1980), "Significance Tests and Goodness of fit in the Analysis of Covariance Structure", *Psychological Bulletin*, 88.

Berger, A. A. (1976), "Anatomy of the Joke", *Journal of Communication*, 26(113).

Bluedorn, A. C. (1982), "The Theories of Turnover: Causes, Effects, and Meaning", *Research in the Sociolgy of Organizations*, JAI Press.

Brown, S. P., & Peterson, R. A. (1993), "Antecedents and Consequences of Salesperson Job Satisfaction: Meta-Analysis and Assessment of Causal Effects", *Journal of Marketing Research*, 30.

Browning, S., Block, S., & McGrath, G. (1983), "Humor in Group Psychology", *British Journal of Medical Psychology*, 56.

Bryant, J., & Zillmann, D. (1988), "Teacher's Humor in the College Classroom", *Communication Education*, 28(2).

Buchanan, H. B. (1974), "Government Manager, Business Executive and Organizational commitment", *Public Administration Review*. 33.

Champman, A. J. (1976), Social Aspects of Humorous Laughter, In A. J. Champman & H. C. Foot(Eds), *Humor & Laughter: Theory Research and Applications*, New York: Wiley.

Collins, S. (1986), "Facts: The Place of Humor and Sarcasm in the English Class", *English Journal*, 75(4).

Cotton, J. L., & Tuttle, J. M. (1986), "Employee Turnover: A Meta Analysis and Review with Implication for Research", *Academy of Management*

Review, 11(1).

Csikszentmihalyi, M. (1990), *Flow: The Psychology of Optimal Experience*, New York: Harper & Row.

Curry, J. P., Wakerfield, D. S., Price, J. L., & Mueller, C. W. (1986), "On the Causal Ordering of Job Satisfaction and Organizational Commitment", AMJ, 29(4).

Dalton, D. R., & Todor, W. D. (1982), "Turnover: A Lucrative hard dollar phenomenon", *Academy of Management Review*, 7.

Davidhizar, R., & Schearer, R. (1992), "Humor: No Geriatric nurse should be without it", *Geriatric Nursing*, 9.

Davidson, M., & Cooper, C. L. (1982), "The High Cost of Stress on Women Managers", *Organizational Dynamic*.

Davis, J. M., & Farina, A. (1970), "Humor Appreciation as Social Communication", *Journal of Personality and Social Psychology*, 15.

Dixon, N. F. (1980), *Stress and Anxiety*, Washington, D. C: Hemisphere Publishing.

Fink, S. L. (1992), *High Commitment Workplace*, Westport: Quorum Books.

Fornell, C., & Larker, D. (1981), "Evaluating Structural Models with Unobservable Variable and Measurement Error", *Journal of Marketing Research*, 18(1).

Franzini, L. R. (2002), *Kids who laugh,* New York: Square one publishers (서현정 역(2003), *리더로 키우려면 웃음을 가르쳐라*, 서울: 지식과 경영).

French, J. R. P., Rogers, W., & Cobb, S. (1974), *Adjustment as a Person-Environment fit, coping and Adaption*, New York: Basic Books.

Freud, S. (1928), "Humor", *International Journal of Psychoanalysis*, 9.

Gibson, J. L., Ivancevich, J. M., & O'Donnelly, J. H. (1985), *Organization: Behavior, Structure, Processes*, Plano, TX: Business Publications.

Goleman, D. (2000), "Leadrship that gets results", *Harvard Business Review*, 2.

Hackman, J. R. (1987), "The Design of Work Teams", In J. W. Lorsch(Ed), *Handbook of Organizational Behavior*, Englewood Cliffs, NJ: Prentice-Hall.

Hemsath, D., & Yerkes, L. (1997), *301Ways to have Fun at Work*, San Francisco: Berrett-Koehler Publishers, Inc.

Homes, J. (1988), "Paying Compliments: A Sex Preferential Politeness Strategy", *Journal of Pragmatics,* 12.

Hoppock, R. (1935), *Job Satisfaction*, New York: John Wiley & Sons.

Hughes, R. L., Ginnett, R. C., & Curphy, G. J. (1999), *Leadership: Enhancing the Lessons of Experience*, Chicago: Irwin.

Huselid, M., & Daly. (1991), "Organizational Commitment, Job Involvement and Tunrover", *Journal of Applied Psychology, 76.*

Ivancevich, J. M., & Matteson, M. T. (1987), *Controlling Work Stress: Effective Human Resource and Management Strategies*, Sanfrancisco: Jossey-Bass.

Iverson, L. D. (1992), *Employee Intent to stay: An Empirical Test of a Revision of the Price and Mueller Model*, Unpublished Doctoral Dissertation, University of Iowa.

Izard. (1991), "Dimensions of Achievement Motivation in Schoolwork and Sport", *Journal of Educational Psychology*, 84.

Joseph F, H. Jr., Anderson, R. E., Tatham, R. L., & Grablowsky, B. J. (1979), *Multivariate Data Analysis with Readings*, Oklahoma: Division of Petroleum Company.

Judge, T. A. (1993), "Does Affective Disposition moderate the Relationship between Job Satisfaction and Voluntary Turnover", *Journal of Applied Psychology,* 78(3).

Kaplan, Abraham. (1964), *The Conduct of Inquiry: Methodology for Behavioral Science*, Pennsylvania: Chandler Publishing Co.

Kaplan, H., & Boyd, I. (1965), "The Social Funtions of Humor on an Open Psychiatric Ward", *Psychiatric Quarterly*, 39.

Karl, K. A., & Peluchette, J. (2006), "How does Workplace Fun Impact Employee Perceptions of Customer Service Quality?", *Journal of Leadership and Organizational Studies*, 13(2).

Karl, K. A. Peluchette, J., Hall, L., & Harland, L. (2005), "Attitudes toward Workplace Fun: A Three Sector Comparison", *Journal of Leadership and Organizational Studies*, 12(2).

Kimiecik, J. C., & Harris, A. T. (1996), "What is Enjoyment? A Conceptual/definitional Analysis with Implications for Sport and Exercise Psychology", *Journal of Sport & Exercise psychology*, 18.

Koontz, H., O'Donell., & Weihrich. (1980), *Management(7th ed)*, New York: McGraw Hill.

Kubie, L. S. (1971), "The Destructive Potential of Humor in Psychotherapy", *The Americal Journal of Psychiatry*, 127.

Law, Jenifer., Philip, L., Pearce & Barbara. A. (1995), "Woods, Stress and Coping in Tourist Attraction Employees", *Tourism Management,* 16(4).

Leslie, A. Y. (2001), *Fun Works,* Sanfrancisco: Berrett-Koehler Publishers(이

해경 역(2006), *Fun Work*, 서울: 지식과 경영).

Locke, E. A. (1976), "The Nature and Causes of Job Satisfaction", *Handbook of Industrial and Organizational Psychology*, Chicago: Rand McNally.

Luthans, F. (2002), *Organizational Behavior*, New York: McGraw-Hill.

Luthans, F., Baack, D., & Taylor, L. (1987), "Organizational Commitment: Analysis of Antecedents", *Human Relations*, 40(4).

MacCallum, R. C., Roznowski, M., & Necowitz, L. B. (1992), "Model Modification in Covariance Structural Analyses: The Problem of Capitalization on Chance", *Psychological Bulletin*, 111.

MacKenzie Scott B., & Lutz Richard J. (1975), "An Empirical Examination of the Structural Antecedents of Attitude toward the ad in an Advertising Pretesting Context", *Journal of Marketing*, 53(2).

Martin, R. A., & Lefcourt, H. M. (1986), *Humor and Life Stress: Antidote to Adversity*, New York: SringVerlag.

Martin, R. A., Patricia-Doris., Gwen Larsen, Jeanette Gray., & Kelly Weir. (2003), "Individual Differences in use of Humor and their Relation to Psychological Well-being: Development of the Humor Styles Questionnaire", *Journal of Research in Personality*, 37.

Maslow, A. H. (1943), "Theory of Human Motivation", *Psychological Review*, 7.

Maslow, A. H. (1954), *Motivation and Personality*, New York: Haper & Row.

Mathieu, J. E., & Zajac, D. M. (1990), "A Review and Meta-analysis of the Antecedents, Correlates and Consequences of Organizational Commitment", *Psychological Bulletin*, 108.

McCormick, E. J., & Tiffin, J. (1974), *Industrial Psychology(6th ed.)*, Englewood Cliffs, NJ: Prentice-Hall.

McGhee, P. E., (1979), *Humor: It's origin and development*, SanFrancisco: Freeman.

McGhee, P. E. & Goldstein, J. H. (1983), *Handbook of Humor Research*, New York: SringVerlag.

McGrath, J. E. (1976), *Social and Psychology Factors in Stress*, New York: Holt, Rinehart & Winston.

Mobley, W. H. (1977), "Intermediate Linkages in the Relationship between Job Satisfaction and Employee Turnover", *Journal of Appled Psychology*, 62.

Mobley, W. H. (1982), "Some Unanswered Question in Turnover and Withdrawal Research", *Academy of Management Review*, 7.

Nezu, A. M., Nezu, C. M., & Blissett, S. E. (1988), "Sence of Humor as a

Moderator of the Relation between Stressful Events and Psychological Distree: A Prospective Analysis", *Journal of Personality and Social Psychology,* 54(3).

Northcraf, G. B., & Neale, M. A. (1990), *Organizational Behavior*, Chicago: The Dryden Press.

Nunnally, Jun C. (1967), *Psychometic Theory*, New York: McGraw-Hill.

Oaklamder, H., & Fleishman, E. A. (1995), "Patterns of Leadership Related to Organizational Stress in Hospital Setting", *Administrative Sience Quaterly*, 8.

Parker, D. F., & Decotiis, T. A. (1983), "Organizational Determinants Job Stress", *Organization Behavior and Human Performance,* 32.

Porter, L. W., & Smith, F. J. (1970), The Etiology of Organizational Commitment, Unpublished Paper, Irvine: University of California.

Porter, L. W., Steers, R. M., Mowday, R. T., & Boulian, P. V. (1974), "Organizational Commitment, Job Satisfaction and Turnover among Psychiatric Technicians", *Journal of Applied Psychology*, 59.

Quinn, R P., & Staines, G. L. (1977), *The Quality of Employment Survey*, Michigan: ISR.

Ramsey, H. G. (2001), "Fun at Work: Lessons from the Fish Market", *Supervision,* 62(4).

Reichers, A. (1985), "A Review and Reconceptualization of Organizational Commitment", *Academy of Management Review*, 10(3).

Robbins, S. P. (2001), *Organizational Behavior(9rd ed.)*, New Jersey: Prentice-Hall Inc.

Schumacker, R. E., & Marcoulides, G. A. (1988), *Interaction and Non linear Effects in Stuctural Equation*, Hilsdale, N.J: Erlbaum.

Schwepker, Charles H. Jr. (2001), "Ethical Climate's Relationship to Job Satisfaction, Organizational Commitment, and Turnover Intention in the Salesforce", *Journal of Business Research*, 54.

Seltzer, J., Numborf, R. E., & Bass, B. M. (1989), *Transactional Leade-rship: Is it a Source of more or less Burnout or Stress?*, New Oleans: Academy of Management.

Shin, Y. K., & Kim, H. G. (1994), "Individualism and Collectivism in Korea Industry", In Yoon, G. and Choi, S. C(Eds.), *Psychology of the korean people,* Seoul: Dong-A.

Simon, J. M. (1988), "Therapeutic Humor: Who's fooling who?", *Journal of Psychiatric Nursing,* 26(4).

Sims, B. J. (1997), *Servanthood: Leadership for the Group Effectiveness*, The Wharton School, University of Pennsylvania.

Smith, Henry C. (1955), *Psychology of Industrial Behavior*, New York: McGraw-Hill Book.

Steams, F. (1972), *Laughing*, Springfield Il: Charles, C. Thomas.

Steers, R. M. (1997), "Antecedents and Outcome of Organizational Commitment", *Administrative Science Quarterly,* 22(1).

Straub, D. G. (1989), "Validating Instruments in MIS Research", *MIS quarterly*, 13(2).

Sullivan, R. (1992), "It's a hit", *Vocational Education Journal.*, 67(3).

Tett, R. P., & Meyer, J. P. (1993), "Job Satisfaction, Organizational Commitment, Turnover Intention, and Turnover: Path Analysis based on Meta-Analysis Findings", *Personnel Psychology*, 46.

Trice, A. D. (1986), "Joking under the Drill", *Journal of Social Behavior and Personality*, 1.

Vaillang, G. R. (1977), *Adaptation to Life*, Toronto: Littiel, Brown, & Co.

Vecchio, R. P., & Gobdel, B. C. (1984), "The Vertical dyad linkage Model of Leadership: Problems and Prospects", *Organizational Behavior and Human Performance*, 34.

Vecchio, R. P., & Norris, W. R. (1996), "Predicting Employee Turnover from Performance, Satisfaction, and Leader – Member Exchange", *Journal of Business and Psychology*, 11(5).

Weisfeld, G. E. (1993), "The Adaptive Value of Humor and Laughter", *Ethology and Sociology*, 14(2).

Weiss, J. (2002), "Loyal Employees or the Revolving Door?", *Executive Excellence*, 19(6).

Wooten, P. (1996), "Humor: An Antidote for Stress", *Holist Nursing Practice,* 10(2).

설문지

Part Ⅰ. 펀(Fun) 경영

먼저 여러분이 현재 속해 있는 회사(직장)의 펀 경영 활동과 관련한 질문입니다. 각 문항에 대해 평소 여러분의 생각이나 느낌을 가장 잘 나타내는 해당 번호에 V표 하여 주시기 바랍니다.

순서	설문 내용	① 전혀 그렇지 않다						⑦ 매우 그렇다
1	우리 회사는 직원들이 즐겁고 재미있게 일하도록 다양한 행사를 실시한다.	①	②	③	④	⑤	⑥	⑦
2	우리 회사는 직원을 존중할 뿐만 아니라 직원의 가족들도 직원처럼 존중한다.	①	②	③	④	⑤	⑥	⑦
3	우리 회사는 재미와 관련된 다양한 이벤트를 통해 조직분위기가 활성화되어 있다.	①	②	③	④	⑤	⑥	⑦
4	우리 회사는 다양한 커뮤니케이션 채널을 통해 직원들과 의사소통을 활성화한다.	①	②	③	④	⑤	⑥	⑦
5	우리 회사는 직원들이 잘 했을 때 그만한 포상이나 보상으로 격려한다.	①	②	③	④	⑤	⑥	⑦
6	우리 회사는 직원들 간에 상호 칭찬하고 격려하는 칭찬문화를 정착시키고 있다.	①	②	③	④	⑤	⑥	⑦
7	우리 회사는 웃으면서 일할 수 있는 유머, 웃음 문화를 확산시키고 있다.	①	②	③	④	⑤	⑥	⑦
8	우리 회사는 미래의 비전을 명확히 제시하고 직원들과 함께 공유한다.	①	②	③	④	⑤	⑥	⑦
9	우리 회사는 직원들의 발전을 위해 많이 투자하는 편이다.	①	②	③	④	⑤	⑥	⑦
10	우리 회사는 조직을 즐겁고 재미있게 하기 위한 웃음, 유머, 칭찬 등과 같은 다양한 행사와 각종 제도를 마련하고 있다.	①	②	③	④	⑤	⑥	⑦

Part II. 펀 리더십 행동

다음은 리더의 펀 리더십 행동에 관한 질문입니다. 현 회사(직장)의 직속상관 1명을 대상으로 각 문항에 대해 평소 여러분의 생각이나 느낌을 가장 잘 나타내는 해당 번호에 V표 하여 주시기 바랍니다.

순서	설문 내용	① 전혀 그렇지 않다						⑦ 매우 그렇다
	* 웃음에 관한 질문							
1	나의 직속상관은 하루의 시작(또는 출근)을 웃음으로 한다.	①	②	③	④	⑤	⑥	⑦
2	나의 직속상관은 대화할 때 많이 웃는 편이다.	①	②	③	④	⑤	⑥	⑦
3	나의 직속상관은 혼자 있을 때에도 간혹 웃음을 짓곤 한다.	①	②	③	④	⑤	⑥	⑦
4	나의 직속상관은 모르는 사람에게도 먼저 미소나 웃음을 보내는 편이다.	①	②	③	④	⑤	⑥	⑦
5	나의 직속상관은 웃음을 통해 상대방의 기분을 바꾸어 주려고 노력하는 편이다.	①	②	③	④	⑤	⑥	⑦
6	나의 직속상관은 평소 얼굴 표정이 밝지 않은 편이다.	①	②	③	④	⑤	⑥	⑦
7	나의 직속상관은 직원들이나 동료들에게 감사의 표현을 자주 한다.	①	②	③	④	⑤	⑥	⑦
8	나의 직속상관은 자신이나 부하직원들의 실수를 웃음으로 넘기는 편이다.	①	②	③	④	⑤	⑥	⑦
9	나의 직속상관은 회의석상에서 미소나 웃음을 띠며 분위기를 편하게 하려고 노력한다.	①	②	③	④	⑤	⑥	⑦
10	나의 직속상관은 웃음형 인간이 되기 위해 노력하는 편이다.	①	②	③	④	⑤	⑥	⑦
	* 유머에 관한 질문							
11	나의 직속상관은 직원들의 즐거움을 위해 우스꽝스럽게 행동하는 경우가 종종 있다.	①	②	③	④	⑤	⑥	⑦
12	나의 직속상관은 같은 말을 해도 재미있게 하려고 노력한다.	①	②	③	④	⑤	⑥	⑦
13	나의 직속상관은 항상 세 개 이상의 재미있는 유머를 준비하고 있는 것 같다.	①	②	③	④	⑤	⑥	⑦

순서	설문 내용	① 전혀 그렇지 않다						⑦ 매우 그렇다
14	나의 직속상관은 어떤 내용을 설명하거나 발표할 때 유머 등을 사용하여 재미있게 하는 편이다.	①	②	③	④	⑤	⑥	⑦
15	나의 직속상관은 유머있는 행동을 하기 위해 유머와 관련된 책이나 신문. 만화 등을 자주 보는 편이다.	①	②	③	④	⑤	⑥	⑦
16	나의 직속상관은 자신이나 부하직원의 실수를 유머를 써서 넘기는 편이다.	①	②	③	④	⑤	⑥	⑦
17	나의 직속상관은 상황에 따라 재미있는 유머를 스스로 만들어 낼 수 있는 능력이 있다.	①	②	③	④	⑤	⑥	⑦
18	나의 직속상관은 사무실 분위기를 즐겁게 하기 위해 재미있는 말이나 이야기를 자주 사용한다.	①	②	③	④	⑤	⑥	⑦
19	나의 직속상관은 농담이나 가벼운 장난을 자주하는 편이다.	①	②	③	④	⑤	⑥	⑦
	* 칭찬에 관한 질문							
20	나의 직속상관은 내가 '잘 했다'고 악수를 해 준 적이 있다.	①	②	③	④	⑤	⑥	⑦
21	나의 직속상관은 내가 '잘 했다'고 상품이나 상장 등을 준 적이 있다.	①	②	③	④	⑤	⑥	⑦
22	나의 직속상관은 내가 '잘 했다'고 박수를 쳐 준 적이 있다.	①	②	③	④	⑤	⑥	⑦
23	나의 직속상관은 내가 '잘 했다'고 어깨를 두드려 준 적이 있다.	①	②	③	④	⑤	⑥	⑦
24	나의 직속상관은 내가 '잘 했다'고 동료 직원들 앞에서 나를 칭찬해 준 적이 있다.	①	②	③	④	⑤	⑥	⑦
25	나의 직속상관은 자신의 주변 사람들에 대해 칭찬을 자주하는 편이다.	①	②	③	④	⑤	⑥	⑦

Part Ⅲ. 직무스트레스

직무스트레스에 관한 질문입니다. 각 문항에 대해 여러분의 생각이나 느낌을 가장 잘 나타내는 해당 번호에 V표 하여 주시기 바랍니다.

순서	설문 내용	① 전혀 그렇지 않다						⑦ 매우 그렇다
1	나는 아침에 잠자리에서 일어나기가 힘들 때가 있다.	①	②	③	④	⑤	⑥	⑦
2	나는 뒷목이 뻣뻣해짐을 느낀 적이 있다.	①	②	③	④	⑤	⑥	⑦
3	나는 어깨가 무겁고 두통을 느낀 적이 있다.	①	②	③	④	⑤	⑥	⑦
4	나는 일과 관련하여 걱정을 한 적이 있다	①	②	③	④	⑤	⑥	⑦
5	나는 일로 인해 소화 장애를 경험한 적이 있다	①	②	③	④	⑤	⑥	⑦
6	나는 일로 인해 심리적으로 압박감을 느낀 적이 있다.	①	②	③	④	⑤	⑥	⑦
7	나는 일로 인해 공연히 짜증을 낼 때가 있다	①	②	③	④	⑤	⑥	⑦
8	나는 나에게 부여된 업무가 걱정되어 쉽게 잠들지 못하는 때가 있다.	①	②	③	④	⑤	⑥	⑦

Part Ⅳ. 직무태도

다음은 직무태도에 관한 질문입니다. 각 문항에 대해 여러분의 생각이나 느낌을 가장 잘 나타내는 해당 번호에 V표 하여 주시기 바랍니다.

순서	설문 내용	① 전혀 그렇지 않다						⑦ 매우 그렇다
	* 직무만족에 관한 질문							
1	나는 내가 수행하고 있는 직무에서 보람을 느낀다.	①	②	③	④	⑤	⑥	⑦
2	나는 지금하고 있는 직무를 다음에 다시 맡는다 해도 싫지는 않을 것이다.	①	②	③	④	⑤	⑥	⑦
3	나는 나의 직무에서 나의 능력을 상당 부분 발휘할 수 있다고 생각한다.	①	②	③	④	⑤	⑥	⑦
4	나는 업무를 통해서 많은 것을 배우고 있고 자기계발에도 도움이 되고 있다고 생각한다.	①	②	③	④	⑤	⑥	⑦
5	나는 나의 직무에 적합하다고 생각한다.	①	②	③	④	⑤	⑥	⑦
6	나는 전반적으로 현 직무에 만족한다.	①	②	③	④	⑤	⑥	⑦
	* 조직몰입에 관한 질문							
7	나는 직장의 문제를 실제로 나의 문제처럼 느낀다.	①	②	③	④	⑤	⑥	⑦
8	나는 직장 내에서 종업원이라기보다는 주인의식이 느껴진다.	①	②	③	④	⑤	⑥	⑦
9	나는 현 직장에 대해 강한 애착심을 느끼고 있다.	①	②	③	④	⑤	⑥	⑦
10	나는 직장의 발전에 도움이 된다면 어떠한 노력도 아끼지 않겠다.	①	②	③	④	⑤	⑥	⑦
	* 이직의도에 관한 질문							
11	나는 종종 이 직장을 그만두고 싶은 생각이 든다.	①	②	③	④	⑤	⑥	⑦
12	나는 현재보다 조금이라도 여건이 나빠진다면 이 직장을 떠날 것이다.	①	②	③	④	⑤	⑥	⑦
13	이 직장에서 계속 근무해서 내가 얻을 것이 별로 없다.	①	②	③	④	⑤	⑥	⑦
14	나는 만일 다시 직장을 선택한다면 이곳을 선택하지 않을 것이다.	①	②	③	④	⑤	⑥	⑦
15	나는 조만간 새 직장을 찾아 나갈 생각을 하고 있다.	①	②	③	④	⑤	⑥	⑦

Part Ⅵ. 응답자에 대한 일반적 문항

해당되는 번호의 (   ) 안에 V표 하여 주시기 바랍니다.

1. 성　　별: ① 남자(　)　　② 여자(　)

2. 결혼여부: ① 기혼(　)　　② 미혼(　)

3. 연　　령: ① 30세 미만(　)
　　　　　　② 30세 ~ 40세 미만(　)
　　　　　　③ 40세 ~ 50세 미만(　)
　　　　　　④ 50세 이상(　)

4. 학　　력: ① 고졸 이하(　)　　② 전문대졸(　)
　　　　　　③ 대졸(　) ④ 대학원졸 이상(　)

5. 종　　교: ① 천주교(　)　　　② 기독교(　)
　　　　　　③ 불교(　) ④ 기 타(　)

6. 신분형태: ① 일반 회사원/대학, 병원 등의 직원(　)
　　　　　　② 공무원(　)
　　　　　　③ 군인·군무원(　)
　　　　　　④ 기타(　)

7. 계약형태: ① 정규직(　)
　　　　　　② 계약직(파트타이머/인턴 포함)(　)

8. 직　　급: ① 사원(실무자)(　)
　　　　　　② 계장/대리급(　)
　　　　　　③ 과장이상(　)

9 직장 근무연수

　① 1년 미만( )　　　　② 1 ~ 3년 미만( )

　③ 3 ~ 5년 미만( )　④ 5 ~ 7년 미만( )

　⑤ 7 ~ 10년 미만( )　⑥ 10년 이상( )

10. 월 평균 소득은?(봉사료, 수당 등 모두 포함)

　① 100만 원 미만( )

　② 100만 원 ~ 200만 원 미만( )

　③ 200만 원 ~ 300만 원 미만( )

　④ 300만 원 ~ 500만 원 미만( )

　⑤ 500만 원 이상( )

11. 근무직장 업종

　① 서비스업( ) ② 제조/자동차업( )

　③ 정보통신업( )　　　④ 건설업( )

　⑤ 금융증권보험업( )　⑥ 학교/연구관련 기관( )

　⑦ 공공기관( )　　　　⑧ 정부관련 기관( )

　⑨ 국방관련 기관( )　⑩ 기타( )

－ 끝까지 협조해 주셔서 감사합니다. －

이연재 ————

▍약 력

　육군사관학교 졸업
　육군대학 교관
　경남대학교 경영대학원 경영학 석사
　서울벤처정보대학원대학교 정보경영학 박사
　국방대학교 연구교수

▍주요논저

　「강원도지방의 임진왜란사 재조명」
　「유래 및 전설 중심의 춘천지구 지형연구」
　「미합동능력 개발체계」
　「인구통계학적 차원의 전략 수립」
　외 다수

펀 경영과 펀 리더십 행동의 실제(實際)

초판인쇄 | 2009년 1월 20일
초판발행 | 2009년 1월 20일

지은이 | 이연재
펴낸이 | 채종준
펴낸곳 | 한국학술정보㈜
주　소 | 경기도 파주시 교하읍 문발리 513-5 파주출판문화정보산업단지
전　화 | 031) 908-3181(대표)
팩　스 | 031) 908-3189
홈페이지 | http://www.kstudy.com
E-mail | 출판사업부　publish@kstudy.com

등　록 | 제일산-115호(2000. 6. 19)
가　격　19,000원

ISBN　978-89-534-0864-7 93320 (Paper Book)
　　　　978-89-534-0867-8 98320 (e-Book)

본 도서는 한국학술정보(주)와 저작자 간에 전송권 및 출판권 계약이 체결된 도서로서, 당사와의 계약에 의해
이 도서를 구매한 도서관은 대학(동일 캠퍼스) 내에서 정당한 이용권자(재적학생 및 교직원)에게 전송할 수 있는
권리를 보유하게 됩니다. 그러나 다른 지역으로의 전송과 정당한 이용권자 이외의 이용은 금지되어 있습니다.